Les animaux

Moe man Le gros

Conception graphique : Killiwatch
Réalisation graphique : Marion Clément (Domino)
Couverture : Laurent Quellet
Contribution rédactionnelle et index : Nine Lescalet et Sylvie Allouche

Direction éditoriale : Christophe Savouré
Édition : Danielle Védrinelle
Direction artistique : Danielle Capellazzi et Thérèse Pic
Fabrication : Annie-Laurie Clément

Un grand merci à Caroline de Ranchin, Charlotte Le Tarnec, Maud Djendoyan et Dominique Bon pour leur aide.

15/27, rue Moussorgski
75895 Paris Cedex 18

Dépôt légal : octobre 2002
ISBN : 2 215 05189-2
N° d'édition : 93400

Édition brochée n° 94019, septembre 2008
ISBN : 978 2 215 05578-5

Photogravure : IGS Charente Photogravure
Imprimé en Chine en août 08
par Book Partners China Ltd
Loi n° 49-956 du 16 juillet 1949 pour les publications destinées à la jeunesse.

ENCYCLOPÉDIE junior

Les animaux

CHRISTINE LAZIER

FLEURUS
editionsfleurus.com

Sommaire

Le monde animal

Difficile de dénombrer les espèces animales vivant sur notre planète : tous les jours, des insectes (ou autres invertébrés) inconnus sont découverts et des sous-espèces authentifiées comme véritables espèces ! Alors que le savant grec Aristote identifie 400 animaux vers 350 av. J.-C. et que le naturaliste Carl von Linné, au XVIIIe siècle, en répertorie environ 4 400, aujourd'hui, les zoologistes évaluent le nombre d'espèces animales différentes entre 8 et 80 millions, dont seulement 2 millions ont été étudiées !

Une belle aventure

La Terre s'est formée, il y a environ 4,5 milliards d'années. Pendant des millions d'années, la température du sol était telle, que nulle vie n'était possible. Il fallut attendre que la surface terrestre soit suffisamment froide pour permettre aux êtres vivants de s'y installer.

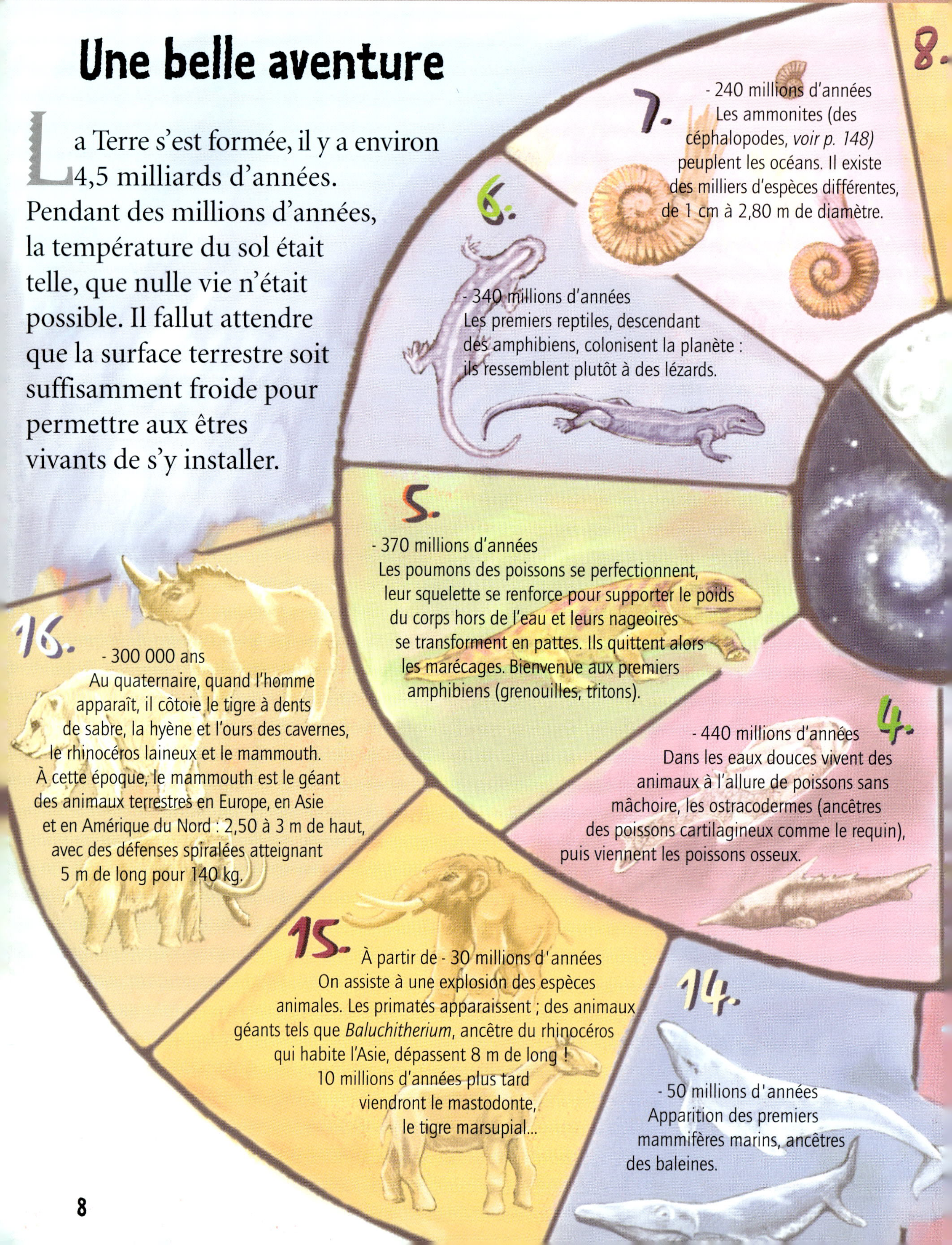

4. - 440 millions d'années
Dans les eaux douces vivent des animaux à l'allure de poissons sans mâchoire, les ostracodermes (ancêtres des poissons cartilagineux comme le requin), puis viennent les poissons osseux.

5. - 370 millions d'années
Les poumons des poissons se perfectionnent, leur squelette se renforce pour supporter le poids du corps hors de l'eau et leurs nageoires se transforment en pattes. Ils quittent alors les marécages. Bienvenue aux premiers amphibiens (grenouilles, tritons).

6. - 340 millions d'années
Les premiers reptiles, descendant des amphibiens, colonisent la planète : ils ressemblent plutôt à des lézards.

7. - 240 millions d'années
Les ammonites (des céphalopodes, *voir p. 148*) peuplent les océans. Il existe des milliers d'espèces différentes, de 1 cm à 2,80 m de diamètre.

8.

14. - 50 millions d'années
Apparition des premiers mammifères marins, ancêtres des baleines.

15. À partir de - 30 millions d'années
On assiste à une explosion des espèces animales. Les primates apparaissent ; des animaux géants tels que *Baluchitherium*, ancêtre du rhinocéros qui habite l'Asie, dépassent 8 m de long ! 10 millions d'années plus tard viendront le mastodonte, le tigre marsupial...

16. - 300 000 ans
Au quaternaire, quand l'homme apparaît, il côtoie le tigre à dents de sabre, la hyène et l'ours des cavernes, le rhinocéros laineux et le mammouth. À cette époque, le mammouth est le géant des animaux terrestres en Europe, en Asie et en Amérique du Nord : 2,50 à 3 m de haut, avec des défenses spiralées atteignant 5 m de long pour 140 kg.

1.

5 milliards années
ır certains scientifiques, la vie aurait surgi près
s sources hydrothermales : l'eau, à environ 350 °C,
:aît favorable à la naissance des premières molécules.
Au début se développent des êtres vivants formés
d'une seule cellule, les protozoaires.

2.

- 800 millions d'années
Les premiers animaux pluricellulaires (c'est-à-dire formés de plusieurs cellules) apparaissent : vers, méduses et coraux mous.

40 millions d'années
'ère primaire,
s animaux avec coquille
ı carapace, les arthropodes
imitifs (comme les trilobites)
nergent. Viennent ensuite
; arachnides (scorpions, acariens)
les insectes.

235 millions d'années
Nous voici à l'ère secondaire où d'immenses reptiles,
es dinosaures, dominent (le *Diplodocus* mesure
27 m et pèse 10 t, 80 t pour le *Brachiosaurus*,
oit autant que 12 éléphants !). Un os découvert
ans le Colorado en 1972 prouve que le poids
e certains dépasse 100 t !

9.

- 215 millions d'années
Les ptérosaures sont les premiers vertébrés à voler, bien avant les oiseaux et les chauves-souris. Les plus petits ne sont pas plus gros que des moineaux et le plus grand a une envergure de près de 12 m, plus large qu'un avion de chasse !

10.

- 210 millions d'années
Les premiers mammifères apparaissent. Ils se font d'abord tout petit à cause des dinosaures. Peu à peu, ils se divisent en deux groupes : les marsupiaux et les placentaires (*voir p. 14*).

11.

- 150 millions d'années
Voici le premier oiseau, l'*Archaeopteryx*. Il n'est pas plus grand qu'une pie et possède encore les dents et la queue osseuse de ses ancêtres reptiliens.

12.

- 135 millions d'années
Les oiseaux se diversifient : ils ressemblent aux espèces connues aujourd'hui à un détail près, ils ont des dents !

- 65 millions d'années
Après la chute d'une
:téorite, plus de la moitié
s êtres vivants disparaissent,
tamment les dinosaures. Seuls les
tits reptiles subsistent. Le champ
t libre pour les mammifères qui se
versifient. Les carnivores sont
pleine expansion.

Des animaux menacés

Au cours de l'évolution, de nombreuses espèces se sont éteintes en raison de conditions climatiques difficiles ou de catastrophes naturelles. Ces derniers siècles, l'homme est le principal responsable de leur disparition. On estime qu'en trois cents ans, plus de 400 espèces d'oiseaux et de mammifères ont été détruites. Aujourd'hui encore, environ 5 000 espèces sont en danger ! C'est pourquoi des mouvements et des organismes de protection de la nature ont vu le jour au début du XXe siècle.

Le thylacine, ou loup marsupial
Habitant australien, avec le kangourou, il portait des rayures de tigre et possédait des mâchoires de loup. Pourchassé par les bergers, un chasseur tua le dernier spécimen en 1961.

Autrefois, les hommes étaient peu nombreux et vivaient de chasse et de cueillette. Tuer les animaux leur permettait de manger à leur faim. Aujourd'hui, nous sommes environ six milliards d'humains sur la planète. Pour agrandir les villes ou cultiver les terres, nous défrichons de nouveaux territoires, détruisons les haies et les forêts et asséchons les marais, au détriment de la faune qui ne trouve plus assez de place et de nourriture. Pourtant, des moyens existent pour laisser suffisamment d'espace aux animaux (notamment la création de réserves naturelles ou de parcs nationaux) ou pour les intégrer aux paysages que nous avons façonnés (fabrication d'échelles pour que les saumons migrateurs puissent franchir nos barrages). Enfin, les braconniers tuent toujours pour récupérer des fourrures , des plumes ou encore des cornes, queues et organes divers, réputés pour leur valeur marchande ou leurs vertus magiques !

La rhytine de Steller
Le plus grand des Siréniens (animaux de la famille du lamantin et du dugong), pouvait atteindre 8 m de long et peser 13 t ! La rhytine vivait en famille autour de l'île de Béring. Lorsqu'on la découvrit en 1741 au cours d'une expédition russe, il restait environ 2 000 individus. Vingt-sept années de chasse, pour sa viande et sa peau, suffiront à la faire disparaître totalement en 1768.

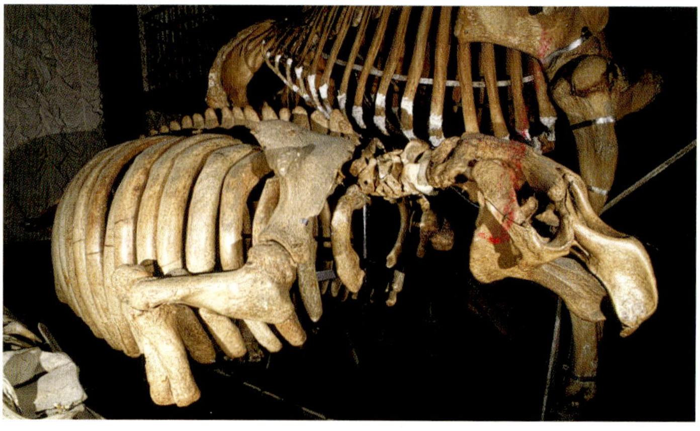

Produits chimiques

La destruction des haies et l'épandage de tonnes d'insecticide détruisent nombre d'insectes et suppriment les gîtes d'autres espèces. De plus, les insecticides polluent les rivières et sont ingérés par les poissons. Eux-mêmes sont consommés par certaines races, comme la loutre dont les effectifs diminuent de manière dramatique alors même qu'elle est de moins en moins chassée pour sa fourrure et sa graisse.

La grande outarde
Elle a disparu de nombreux pays européens à cause de la chasse, du morcellement des terres et de la mécanisation des pratiques agricoles.

Le dodo
Autrefois, dans les îles de l'océan Indien, et notamment à l'île Maurice, il existait un oiseau dodu, incapable de voler et donc très vulnérable. Il disparut totalement à la fin du XVIIe siècle, exterminé par les marins venus d'Europe qui appréciaient sa chair.

Un fossile vivant

Quelle surprise lorsque, le 23 décembre 1938, des pêcheurs d'Afrique du Sud ramenèrent dans leurs filets un poisson bleu-mauve aux reflets d'argent ! En effet, on croyait le cœlacanthe éteint depuis plus de 60 millions d'années ! Avec son poumon dégénéré, ses dents revêtues d'émail, il pourrait être l'ancêtre des premiers amphibiens. Aujourd'hui, il vit à 400 m de fond dans la région des Comores.

Le gypaète barbu
L'un des plus grands rapaces diurnes européens (2,70 m d'envergure) a disparu des Alpes, au début du XXe siècle. Habitant les montagnes, le gypaète barbu a été accusé à tort d'attaquer les troupeaux de moutons et même les enfants ! On l'a chassé ou empoisonné.

Le tigre de Sumatra
Les spécialistes pensent qu'il pourrait disparaître dans les deux prochaines années. Les 400 individus encore présents sont victimes de la déforestation qui réduit de plus en plus leur territoire et des braconniers qui les chassent pour leurs prétendues vertus médicinales.

L'oryx d'Arabie
Il avait totalement disparu au cours des années 1960 à cause de la chasse : il paraît que sa viande donne beaucoup de force à celui qui en mange ! Quelques animaux capturés in extremis et croisés avec d'autres individus venus des zoos ont permis de reconstituer un troupeau. En 1984, l'oryx a pu être réintroduit dans son pays d'origine où l'on trouve aujourd'hui quelques troupeaux.

Pour qu'ils survivent

Lorsqu'une espèce est en danger, on élève des couples en captivité pour qu'ils s'y reproduisent. Les animaux nés dans ces centres d'élevage sont ensuite relâchés dans leur milieu naturel. Cette réintroduction pose souvent des problèmes : les carnivores en captivité n'ont pas appris à chasser, ni les singes à vivre en groupe...

Le cheval de Przewalski
Le dernier cheval sauvage a disparu de Mongolie vers 1970. À partir de 450 individus placés dans des zoos, on essaie de reconstituer un troupeau sauvage.

Le phoque moine
Autrefois très abondant en Méditerranée, il fait aujourd'hui partie des douze espèces animales les plus menacées du monde ! Il disparaît car l'homme utilise de plus en plus les bords de mer, pratique la pêche intensive et, surtout, parce que le phoque moine n'a pas peur de l'homme. Il ne reste pas plus de 300 individus sur la mer Noire, la Méditerranée et le long de la Mauritanie !

L'écrevisse à pieds blancs d'Europe
On la trouve encore dans le nord-est, même si on la croyait disparue de France. Dans quelques rivières où l'eau est pure, elle se nourrit de végétaux, coquillages, larves d'insectes et vers. Elle reste très menacée.

Le condor
Il a bien failli disparaître totalement d'Amérique du Nord lorsque les mammouths et les mastodontes se sont éteints *(voir p. 8-9)*, car il se nourrissait de leurs cadavres ! Sur les côtes de Californie, il parvient à subsister en se nourrissant des baleines échouées sur le rivage. À cause des appâts empoisonnés destinés aux loups et aux coyotes et des pesticides qui rendaient ses œufs plus fragiles, on dénombrait seulement 24 individus en 1987. Depuis 1992, on a réussi à relâcher dans la nature des condors nés dans les zoos de San Diego et de Los Angeles.

Les grandes familles

Les scientifiques dénombrent à l'heure actuelle près de deux millions d'espèces animales qu'ils répartissent en deux grandes familles : les invertébrés (les plus nombreux avec 1,5 millions d'espèces) et les vertébrés (environ 46 000 espèces).

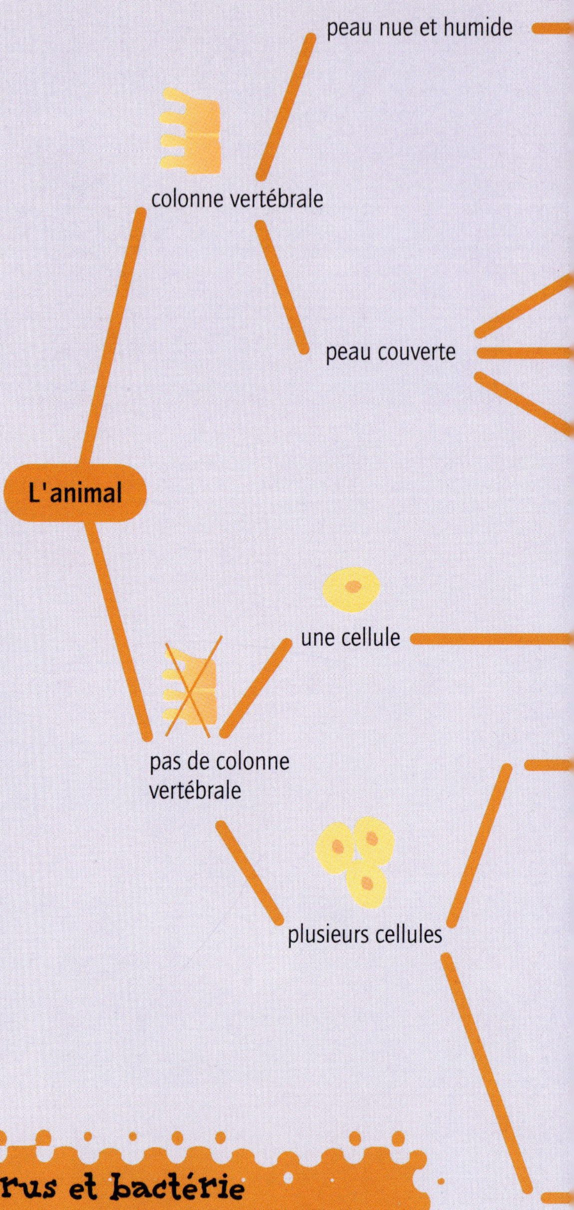

Difficile de se retrouver dans une telle jungle ! Pour arriver à identifier tous ces êtres vivants, il a d'abord fallu les classer. Et, pour les classer, leur trouver des caractères communs.
On a donc divisé les animaux en plusieurs embranchements (par exemple, les vertébrés), eux-mêmes fractionnés en classes (les vertébrés comprennent les mammifères, les oiseaux, les reptiles, les poissons et les amphibiens). Les classes sont réparties en différents ordres (par exemple, le lion appartient à l'ordre des carnivores), puis en familles (toujours pour le lion, les félidés), en genres et – enfin ! – en espèces. Les zoologistes définissent l'espèce comme un groupe qui occupe une niche écologique spécifique et dont les individus sont capables de se reproduire entre eux et de produire des animaux féconds qui leur ressemblent.

Virus et bactérie

Impossible de distinguer à l'œil nu des êtres vivants aussi minuscules que les bactéries ! Seul le microscope permet d'examiner leur corps formé d'une seule cellule qui mesure quelques millièmes de millimètre de long. Mille fois plus petit, le virus est un être vivant parasite : il a besoin de s'introduire dans une cellule pour se reproduire. Cette cellule infectée fabrique de nouveaux virus, qui s'échappent en la faisant éclater.

- **amphibien**
- poils — **mammifère**
  - la femelle porte le bébé dans son ventre : **placentaire** (lion, éléphant, baleine, souris...)
  - le bébé grandit dans la poche maternelle ventrale : **marsupial** (kangourou, wombat)
  - la maman pond un œuf mais allaite ses petits : **monotrème** (ornithorynque et échidné)
- plumes — **oiseau**
- écailles
  - soudées les unes aux autres — **reptile**
  - s'enlèvent une à une — **poisson**
- cilie (paramécie)
- il n'a ni côté gauche, ni côté droit
  - il a la forme d'une roue
    - corps rugueux avec, le plus souvent, des piquants ou des tentacules : **échinoderme** (étoile de mer, oursin)
    - corps mou : **coelentère** (corail, anémone, méduse)
  - il a une forme variable — **éponges**
- il a deux côtés symétriques
  - une coquille
    - en 2 parties : **mollusque bivalve** (moule, huître, praire)
    - en une seule partie : **mollusque gastéropode** (escargot)
  - pas de coquille
    - corps sans anneau mais des tentacules ou des ventouses autour de la bouche : **mollusque céphalopode** (pieuvre)
    - corps formé d'anneaux : **ver annelé** (néréis)
  - cuticule ou carapace et des pattes articulées
    - 3 paires de pattes : **insecte** (mouche, coccinelle)
    - 4 paires de pattes : **arachnide** (araignée)
    - 5 paires de pattes et 2 paires d'antennes : **crustacés** (crevette, crabe)
    - nombreuses paires de pattes : **mille-pattes**

Il faut manger pour vivre

Les plantes sont des producteurs d'énergie et les animaux des consommateurs. S'ajoutent les espèces qui se nourrissent de substances en décomposition. Ces trois catégories d'êtres vivants dépendent les unes des autres : elles forment un écosystème. Parfois, cet écosystème abrite des milliers d'espèces, reliées les unes aux autres par la fourniture de nourriture, d'un abri, d'une protection…

Les algues microscopiques (phytoplancton) servent de nourriture aux petits animaux (zooplancton), aux poissons (sardine, anchois…) et même aux baleines. Les poissons sont dévorés par les phoques et les oiseaux de mer, qui eux-mêmes sont croqués par les orques.

Du flair

Les animaux utilisent leurs organes sensoriels pour détecter la nourriture. Le lion, par exemple, flaire ou plutôt "goûte" certaines molécules en suspension dans l'air, à l'odeur intéressante. Ses papilles gustatives s'en étant imprégnées, il plaque sa langue contre le palais, à l'entrée du canal de l'organe de Jacobson. Ce minuscule sac allongé transmet alors les informations chimiques qui conditionneront ensuite ses réactions.

Faisons une chaîne

Pour pouvoir vivre, grandir et se déplacer, les animaux ont besoin d'énergie, donc de s'alimenter. Un être vivant va se nourrir d'un autre, qui lui-même tire sa subsistance d'un troisième et ainsi de suite… jusqu'à former une chaîne alimentaire. Le plus souvent, ces chaînes alimentaires s'entrecroisent pour former un réseau complexe. Ainsi, au bord d'une mare par exemple *(voir pages 116-117)*, le héron cendré mange poissons et grenouilles, la perche se nourrit d'alevins, d'escargots et de coléoptères. Certains coléoptères, comme le dytique bordé, mangent les alevins, les têtards et les jeunes tritons. Les tritons chassent aussi les têtards, les vers et les puces d'eau. Les puces d'eau, quant à elles, absorbent du plancton, lequel utilise la lumière solaire pour fabriquer sa nourriture.

Dis moi, ce que tu manges...

Chaque espèce a une alimentation bien déterminée. Les herbivores, comme le buffle, l'antilope, le cheval… mangent surtout de l'herbe, agrémenté de fruits, feuilles et écorces. Dépourvus de canines, ils ont à leur place un espace vide : les barres. Ils arrachent les touffes d'herbe ou les feuilles avec leurs grandes incisives plates et les mâchent longuement grâce à leurs molaires râpeuses comme des limes. Les carnivores, comme le tigre, tuent les proies avec leurs crocs et coupent ensuite la viande avec les autres dents. Ils ont de petites incisives, leurs canines sont de véritables poignards capables de déchirer la chair de leurs victimes et leurs molaires, avec leurs pointes dressées tranchantes comme des dents de scie, sont très efficaces pour découper la viande.
Les omnivores, comme le sanglier, sont les moins difficiles : ils mangent de tout. Leur menu se compose de végétaux et d'animaux.
Et les insectes aspirent les liquides dont ils se nourrissent à l'aide d'une trompe.

Cette petite crevette ne manque pas d'air ! Elle vient "picorer" dans la gueule d'un mérou.

Qui mange quoi ?

En observant le bec des oiseaux, tu peux déterminer leur régime alimentaire. À toi de jouer !

1. merle 2. gros-bec 3. mésange 4. courlis cendré 5. cormoran

1. Le merle, comme la grive, utilise son long bec pour piquer les fruits et les baies : il est frugivore.
2. Le gros-bec, comme le pinson, le moineau…, est doté d'un bec large, conique et assez puissant pour écraser l'enveloppe des graines. On dit qu'il est granivore.
3. La mésange, l'hirondelle, la fauvette, le troglodyte… dénichent, à l'aide de leur petit bec fin, les insectes dans les fentes des troncs d'arbres : ils sont insectivores.
4. Le courlis cendré, comme de nombreux oiseaux qui fouillent la vase à la recherche de vers, portent un long bec puissant.
5. Certains oiseaux se nourrissent principalement des poissons qu'ils pêchent en surface et même sous l'eau : ce sont des piscivores.

Amis ou ennemis

Lorsque deux espèces sont en présence, des relations s'instaurent entre elles. Si chacune trouve un bénéfice dans l'association sans avoir besoin de l'une ou de l'autre pour vivre, on parle de coopération. Lorsqu'un seul tire des avantages de l'association, on parle de commensalisme. Enfin, si un animal exploite un autre animal au point qu'il devient dangereux pour sa survie, il s'agit d'un parasite.

Les poissons ventouse, ou rémoras, se collent au requin à l'aide d'un disque adhésif résultant de modifications de leur nageoire dorsale : ils grignotent ainsi les restes des repas du requin.

L'Arctique

Notre périple débute au pôle Nord. Là s'étend une mer immense de 14 millions de km^2, l'océan Glacial Arctique, véritable paradis pour les mammifères marins.

Il est entouré des terres gelées du nord de l'Europe, de l'Amérique et de l'Asie. Sur ces banquises balayées par des blizzards violents, l'hiver dure six mois avec des nuits très longues et des températures à – 50 °C. L'été, les rayons solaires réchauffent peu les vastes étendues polaires et permettent toutefois aux mousses et lichens d'abonder sur le sol. Cette végétation attire de nombreux oiseaux, de grands herbivores et de petits rongeurs qui régalent les ours blancs et les renards...

Des terres de glace...

Dans les zones arctiques, il fait si froid que la mer se fige et forme la banquise. Autour du pôle, ce radeau de mer gelée persiste toute l'année ; plus au sud, il fond au printemps, s'éparpillant en de très nombreuses plaques, les icebergs, pour se reconstituer à l'automne.

En hiver, la température au pôle approche les - 50 °C et, comme l'eau se solidifie à - 1 °C, l'océan Arctique se couvre d'une vaste étendue de glace de 2 m de profondeur en moyenne : la banquise. Difficile de repérer âme qui vive dans ce désert gelé ! Certains animaux se terrent ; d'autres sont partis plus au sud. En été, la température remonte entre 0 et 10 °C, entraînant la fonte partielle de la glace. Les rayons solaires pénètrent la surface de l'eau, permettant la prolifération de quantité de minuscules plantes marines et d'algues. Ces véritables prairies flottantes abritent des animaux microscopiques et des euphausias (petites crevettes dérivant en bancs gigantesques qui forment le krill). Il n'en faut pas davantage pour que se développe une faune marine variée... Oiseaux, poissons, calmars et baleines à fanons trouvent dans ce plancton la base de leurs repas. Et, loi de la nature oblige, chaque espèce compose le menu de sa voisine : les calmars sont avalés par le cachalot et la baleine à dents, les poissons par les phoques, croqués à leur tour par les ours blancs et les orques... Les cadavres d'animaux et les débris se déposent au fond de la mer. Ces déchets alimentent les mollusques bivalves, les étoiles de mer, les oursins, les éponges... lesquels régalent les poissons du fond (poisson loup, morue, aiglefin...), les narvals, ou encore les morses.

Le plancton

C'est un ensemble de minuscules organismes dérivant dans l'eau des océans. On distingue le phytoplancton, constitué de végétaux microscopiques qui captent l'énergie des rayons du soleil et la transforment en aliments, et le zooplancton qui regroupe les petits crustacés, les méduses, les larves d'étoiles de mer et d'oursins, et les œufs de poissons.

① La méduse cyanée arctique détient le record de longueur avec des tentacules de 75 m ! En 1870, on en a retrouvé une échouée : son corps mesurait 2,28 m de diamètre et ses tentacules dépassaient 36 m !

② Très impressionnante avec ses 25 m de long et ses 150 tonnes (t), la baleine bleue avale jusqu'à 3 t de krill par jour !

③ Le laimargue (ou requin du Groenland) appartient aux "requins dormeurs". Seul requin assez résistant pour habiter les eaux polaires, il vit à 1 200 m et plonge à plus de 2 000 m. Ses mouvements sont lents mais, d'un seul battement de queue, il se propulse à 5 m ! Vorace, ce grand squale (les plus grands dépassent 7 m) peut engloutir un phoque entier !

Des acrobates sous-marins

Alanguis sur des blocs de glace sous le soleil polaire, ou s'ébattant allégrement dans les eaux gelées riches en nourriture, les phoques et les morses sont les "squatteurs" de la banquise. Patauds à terre, ils se révèlent des virtuoses de la nage et des champions de plongée !

Phoques, morses et otaries appartiennent à la famille des pinnipèdes (ce qui signifie "pieds en forme d'ailes"). Leurs ancêtres étaient probablement des mammifères terrestres qui vivaient sur les côtes il y a plus de 30 millions d'années. Au cours de l'évolution, leur corps s'allongea, leurs membres se transformèrent en nageoires et ils partirent à la conquête du milieu marin. Aujourd'hui, ils ne retournent sur la terre ferme que pour muer et se reproduire. Contrairement aux otaries (espèces absentes des zones polaires), les phoques n'ont pas d'oreilles externes ; ils ne peuvent pas se dresser sur leurs nageoires et sont donc obligés de se contorsionner pour avancer.

Le morse
Véritable monstre des mers, il mesure jusqu'à 3,60 m et atteint 1 600 kg ! Il utilise ses deux défenses pour s'agripper, avancer sur la glace, ou pour reposer sa tête à l'arrêt ! Pour se déplacer, il emprunte un "glaçon" flottant à la dérive ! Il reste 10 min en plongée, mais ne s'enfonce pas au-delà de 90 m. Il ingurgite entre 45 et 60 kg de mollusques, l'équivalent de 1 500 palourdes, par jour. Les plus voraces engloutissent jusqu'à 145 kg !

Bataille de dents

Les morses mâles ont une curieuse façon de se défier : ils se montrent leurs canines ! Celui qui possède les plus longues est déclaré vainqueur... et le perdant s'en va alors sans faire d'histoires. Si leurs défenses, aiguisées comme des poignards sont identiques, les mâles s'affrontent, essayant de se les planter dans le corps...

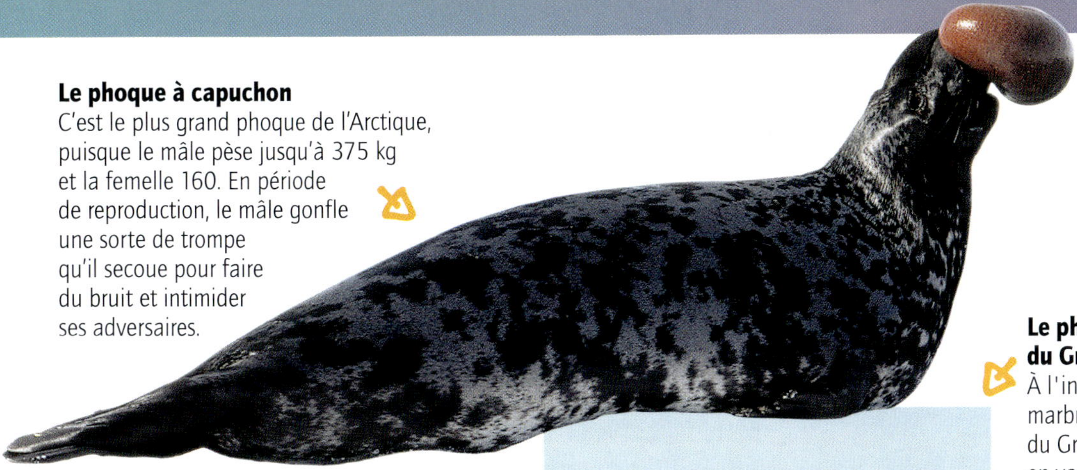

Le phoque à capuchon
C'est le plus grand phoque de l'Arctique, puisque le mâle pèse jusqu'à 375 kg et la femelle 160. En période de reproduction, le mâle gonfle une sorte de trompe qu'il secoue pour faire du bruit et intimider ses adversaires.

Le phoque du Groenland
À l'inverse du phoque marbré, les phoques du Groenland vivent en vaste société. Près d'un million d'individus se rassemblent au large du Labrador. Ils muent et se reproduisent sur des fragments d'icebergs. Le reste du temps, ils vivent en mer. Les adultes mesurent 1,80 m pour 180 kg. Ils affectionnent la morue polaire, le capelan, le hareng et quelques crustacés.

Heureux... comme un phoque dans l'eau !

Pour nager, le phoque ondule la partie arrière de son corps et se propulse avec ses deux nageoires postérieures ; celles de devant servent juste de gouvernail. Avant de plonger, parfois jusqu'à 90 m, il vide l'air de ses poumons pour descendre le plus vite possible. Il reste environ 20 min sous l'eau sans respirer (plus d'une heure pour le phoque de Weddell, en Antarctique !), car son sang fixe trois fois plus d'oxygène que celui de l'homme et son cœur bat plus lentement, ce qui lui permet d'économiser l'oxygène.

Le phoque marbré
C'est le plus petit : adulte, il ne dépasse pas 1,50 m et pèse entre 60 et 100 kg. Il aime se reposer sur les icebergs au fond des fjords. Prévoyante, la femelle creuse une caverne sous la glace pour faire naître son petit à l'abri des prédateurs et des intempéries, et en défend farouchement l'accès. À sa naissance, le bébé phoque n'a pas encore de graisse sous l'épiderme.

Le phoque barbu
Appelé ainsi à cause de ses vibrisses (les longs poils qui tombent de ses narines), il reste seul la plupart du temps, sauf en période de reproduction. Il mange des mollusques, des crevettes, des crabes et des morues. Son poids varie de 220 à 270 kg.

Vaincre le froid

Afin de supporter les terribles conditions climatiques et de survivre dans des terres aussi hostiles, les animaux sont armés pour lutter contre le froid et la famine. Les plus rusés – baleines, rennes, loups et oiseaux – migrent vers le sud, tandis que les autres passent l'hiver à dormir !

Chez le goéland, le corps est à 40 °C, les pattes à 8 °C et les pieds entre 0 et 5 °C.

La forme et les dimensions d'un animal sont primordiales pour le maintien de sa chaleur corporelle. Plus il est corpulent, plus la surface de sa peau (par où s'échappe la chaleur) est faible par rapport à son volume. Le bœuf musqué, par exemple, avec son corps trapu, ses pattes courtes et son cou rentré dans les épaules est mieux armé pour affronter le blizzard qu'une girafe aux pattes fines et au long cou. Les extrémités, comme les oreilles ou les pattes, par lesquelles s'exercent les pertes de chaleur, sont plus petites et plus arrondies chez les espèces polaires. Certaines d'entre elles ont une remarquable astuce : la température de leurs extrémités (pattes, nageoires, narines) est inférieure à celle de leur corps. Ainsi, elles ne risquent pas de se refroidir lorsqu'elles posent les pieds sur le sol !

Plumes et poils protecteurs

La couche d'air emprisonnée entre les poils isole l'animal du froid. Souvent le pelage est plus abondant chez les espèces arctiques. Ainsi, l'ours blanc est protégé par une fourrure longue et chaude. Il en est de même pour les plumes des oiseaux : par beau temps, elles retiennent la chaleur corporelle à la surface de la peau, tout en laissant passer les rayons chauds du soleil. Quant au phoque, il possède une fourrure "spéciale plongée" : ses sous-poils l'abritent de l'eau glacée et ses longs poils permettent à l'eau de glisser lorsqu'il nage. Le temps qu'il revienne à terre, son pelage est déjà sec !

Lièvre américain et lièvre polaire

Empreintes du renne et du daim

Empreintes de l'ours blanc et de l'ours brun

Froid, moi ? Jamais...

Le tardigrade, une des plus vieilles créatures terrestres, ressemble à un ours miniature de 1 mm, dont le corps serait protégé par une cuticule. Il possède un cerveau, des yeux rouges ou noirs, huit pattes rétractables pourvues de griffes. Certains peuvent se dessécher pour supporter les températures les plus basses, jusqu'à – 273 °C et cet état peut durer des siècles... Remis dans l'eau, l'animal reprend vie 30 min plus tard !

Graisse... bienvenue !

Pour préserver la chaleur et favoriser l'isolation du corps, rien de tel qu'une bonne couche de graisse. De nombreux mammifères marins en sont largement pourvus. Le phoque a une couche de lard de 10 cm. La peau (de 6 cm !) et l'épaisseur de graisse (aussi large !) du morse représentent le tiers de son poids.

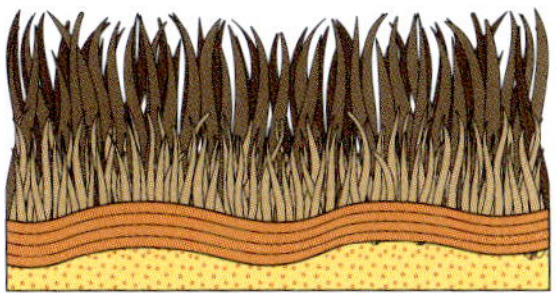

Des activités réduites

Les ours blancs ont une sorte de sommeil hivernal. Ils creusent une tanière dans la neige, le plus souvent au flanc d'une congère. À l'abri des vents, ils restent sans manger ni boire, consommant les réserves de graisse accumulées à l'automne. Leur température corporelle demeure normale, contrairement à celle des espèces qui ont une véritable hibernation. L'ourse se réveille de temps en temps pour gaver ses petits d'un lait riche, au goût d'huile de foie de morue. Les lemmings, eux, passent l'hiver dans des galeries souterraines, et l'hermine ne quitte pas son terrier.

Chut... il dort

Le souslik de Parry, un cousin de la marmotte habitant l'Alaska, dort huit longs mois puisqu'il s'endort en automne et se réveille au printemps : c'est la plus longue hibernation connue.

Partir au soleil

À l'approche de l'hiver, les grands herbivores quittent la toundra pour gagner la taïga, plus abritée et plus riche en nourriture. De même, de nombreux oiseaux, venus se reproduire en Arctique, abandonnent les terres gelées et parcourent plusieurs milliers de kilomètres, destination l'Afrique !

Des nuées d'oiseaux

Pendant les trois mois de l'été arctique, les plantes fleurissent, l'eau est abondante dans les rivières et les étangs sont gorgés de plancton d'eau douce qui attire des myriades d'insectes. La toundra se peuple alors de nombreux oiseaux nicheurs… Un vrai paradis !

1

Petit mais costaud

En Sibérie vit le plus petit des échassiers : le bécasseau-minute. À peine 13 cm de haut pour 25 g ! Son nom, il le doit à sa rapidité à nicher, à se reproduire et à élever ses petits. À la fin de l'été, il repart pour un très long voyage : 20 000 km pour atteindre l'Afrique.

2

Les visiteurs d'été

De nombreux globe-trotters se reproduisent dans l'Arctique. Dès leur arrivée, vers juin, les oiseaux cherchent un lieu peu enneigé pour y pondre et y couver, immobiles et invisibles parmi la végétation. En juillet, lorsque la température approche les 20 °C, insectes et araignées deviennent très abondants. Les nuées de moustiques font le régal des adultes et de leurs petits. En septembre, ces visiteurs repartent vers des régions plus chaudes.

① Le phalarope à bec large a des mœurs particulières : la femelle séduit le mâle et lui laisse le soin de couver les œufs.

② Le pluvier doré aime nicher dans la toundra et la lande, où la végétation est basse.

③ Le courlis cendré affectionne les marais et lieux humides.

④ La bernache nonette passe l'hiver dans le nord de l'Europe. Cette petite oie semble vêtue d'un smoking avec sa tête et son ventre blancs, et son cou et sa poitrine noirs !

⑤ L'harelde de Miquelon est un surdoué de la plongée, avec des records à plus de 50 m.

3

4

5

6

7

8

9

10

12

11

13

14

Les oiseaux de mer

L'été, mouettes, goélands, sternes, labbes... profitent de la prolifération du plancton et des poissons en restant près des côtes. L'hiver, ils regagnent souvent le large.

⑥ Le guillemot (représenté ici) et le pingouin torda, présents que dans l'hémisphère Nord, sont d'excellents plongeurs grâce à leurs ailes courtes et étroites.

⑦ La sterne arctique pond dans la toundra avant de retourner dans l'Antarctique à la fin de l'été : un tour du monde de 20 000 km !

⑧ Le goéland bourgmestre vole œufs et poussins des pingouins pour nourrir ses petits.

⑨ Le labbe parasite dispute les lemmings à l'harfang et ose lui dérober ses œufs dès qu'il a le dos tourné.

Les robustes, qui restent même en hiver

Quelques oiseaux sont assez résistants pour survivre à l'hiver et habitent donc toute l'année en Arctique. On dit qu'ils sont sédentaires.

⑩ Avec ses 1,50 m d'envergure, l'harfang des neiges ne craint personne, ni renard ni loup ! Il chasse les lemmings de jour : il les saisit à l'aide de ses serres acérées et les apporte à ses petits.

⑪ L'épais plumage du lagopède alpin le protège parfaitement du froid. Il supporte jusqu'à - 70 °C. Même le dessous de ses pattes est recouvert de plumes !

⑫ Le grand corbeau pille volontiers les nids des goélands mangeant œufs et oisillons.

⑬ En vol, le faucon pèlerin est identifiable grâce à ses longues ailes pointues et sa queue assez courte. C'est le plus rapide des rapaces diurnes : il fond sur sa proie avec des pointes à 250 km/h.

⑭ Le bruant des neiges est le premier à se reproduire dans la toundra.

Une voix de ténor !

Le plongeon arctique habite près des lacs profonds. Chaque couple occupe un territoire que le mâle défend en poussant un *kououik-koukouik* audible à 6 km de distance.

Dans la toundra arctique...

Plus on s'éloigne du pôle, plus les températures s'adoucissent. L'été est toutefois trop court pour permettre aux arbres de pousser. Seuls mousses, lichens, herbes, joncs et buissons arrivent à s'épanouir et alimentent une foule de rongeurs qui, à leur tour, régalent les carnivores…

Le lièvre arctique, ou polaire
Il utilise ses longues griffes pour creuser le sol et dégager quelques pousses gelées qu'il grignote avec ses incisives. Ses dents ont la particularité de repousser au fur et à mesure qu'elles s'usent. Sa blancheur, se confondant avec la neige, lui permet d'échapper aux prédateurs.

Les lemmings
Ces petits rongeurs (12 cm) s'isolent du froid en creusant des galeries, à 90 cm de profondeur. Sous cette croûte isolante et grâce à la chaleur de leur corps, la température de l'abri s'élève à 10 °C. À l'intérieur, il fait plus chaud qu'à la surface ! Ils passent l'hiver à croquer les graines et les racines qu'ils ont stockées dans les tunnels, et s'aventurent parfois au-dehors pour grignoter herbes et lichens. En un été, la femelle met au monde jusqu'à quarante-huit petits : une sacrée aubaine pour les très nombreux prédateurs !

L'hermine
Elle ne craint pas d'attaquer lièvres et lapins plus gros qu'elle, mais elle préfère les oiseaux, les batraciens, les poissons et les insectes. Elle chasse de jour, se redressant sans cesse pour ne pas perdre de vue sa proie. Son pelage (brun en été et blanc en hiver), comme celui du renard polaire, l'aide à passer inaperçue et à approcher facilement ses victimes.

Le renard polaire
Ce carnivore mange toutes sortes d'oiseaux et de mammifères, mais son mets préféré est le lemming ! Il épie ses déplacements sous la neige et le repère à l'ouïe. Soudain, il creuse un trou, y plonge tête la première, derrière en l'air, et saisit sa victime d'un coup de patte ! En hiver, il lui arrive de devenir charognard : il suit l'ours dans l'espoir de chaparder des restes de phoques, ce qui lui vaut son surnom de "chacal du Nord". En cas de disette, il mange même les crottes de l'ours ou du bœuf musqué !

Le renne, ou caribou
Ces grands herbivores (1 m de hauteur, 120 à 270 kg pour le mâle et 67 à 130 kg pour la femelle) s'accouplent au début de l'hiver, avant de partir vers le sud. Dix à cent mille rennes franchissent montagnes, marécages et fleuves glacés ! Les jeunes naissent au printemps. À peine nés, ils parcourent déjà 15 km par jour pour suivre le troupeau.

Le bœuf musqué
Impressionnant... surtout le mâle avec ses 400 kg ! Cet herbivore, plus proche du mouton que du bœuf, existait déjà à l'époque des mammouths. Son manteau, huit fois plus épais que celui du mouton, comprend deux couches : la bourre, très douce, aux poils de 6 à 7 cm ; et de longs poils, appelés jarres, qui mesurent entre 15 et 60 cm. Face à l'ennemi, le troupeau forme une véritable forteresse : les adultes serrés les uns contre les autres, têtes tournées vers l'extérieur, protègent les petits au milieu. De temps en temps, un mâle sort du groupe et, tel un bulldozer, charge l'agresseur.

Au poil ou à l'odeur ?
Dans la langue des Esquimaux, le bœuf musqué s'appelle *ummimaq*, "le barbu", à cause de ses longs poils. Dans notre langue, il tire son nom de la substance à l'odeur très forte, le musc, que le mâle produit à la saison des amours.

Loup, qui es-tu ?

Dans les contes, le loup est décrit comme un monstre sanguinaire, idiot et peu évolué. Cette crainte du loup a été largement entretenue par l'homme. En réalité, c'est lui qui a peur de nous et il préfère fuir plutôt que nous attaquer. Véritable père peinard, il mène une vie de famille tranquille et organisée, très loin de sa supposée stupidité !

Chez les loups, hurler est un moyen de communiquer et de garder le contact. Souvent, plusieurs d'entre eux gueulent en cœur pour montrer que leur groupe est uni.

Autrefois très répandu dans le nord de l'Amérique, l'Asie et l'Europe, le loup a été énormément chassé. Aujourd'hui, environ 200 000 individus sont présents au Canada, en Alaska, au Groenland et en Europe, occupant tous les milieux. Un loup pèse entre 12 et 80 kg et arbore un pelage gris, brun, roux, noir ou blanc au pôle Nord.

La loi du plus fort...

Les loups vivent en meute de sept à douze individus, dirigée par un chef puissant qui, avec sa femelle, forme le couple dominant. Mais les autres mâles le jalousent… Si le dominant veut garder sa fonction, à lui de la défendre farouchement ! À l'approche de l'hiver, on assiste donc aux confrontations entre adultes. Le combat débute toujours suivant le même rite : le chef s'approche de son rival, tête et queue dressées. Puis, les deux mâles s'affrontent, essayant de se mordre. Le perdant se retrouve couché sur le dos et, en signe de soumission, montre son ventre et sa gorge au plus fort, avant de s'enfuir oreilles et queue basses. La "louve-chef" défend aussi sa place en empêchant les autres femelles de s'accoupler au dominant. Le couple dirigeant est uni pour la vie, et c'est lui qui va exercer la loi…

Un langage par geste

Tu peux connaître l'état d'esprit du loup, en observant sa tête et sa queue. Le loup dominant, chef de la meute, se tient droit, queue haute, et hérisse les poils de son cou. Il défend sa meute et lance un *wuff* puissant à l'approche d'un ennemi.

Des chasseurs à courre

Le loup peut parcourir 100 km par jour à la recherche de gibier et il n'hésite pas à attaquer élan ou bœuf musqué, dix fois plus gros que lui. Dans ce cas, toute la meute encercle la victime, l'empêchant de s'échapper jusqu'à la mise à mort. Pour capturer un petit animal, il le poursuit sur 200 m, mais abandonne si ce dernier est plus rapide. Pour lui, tout est bon : rongeurs, renards, chamois, marcassins, poissons et même insectes !

C'est toujours le chef de la meute qui commence le festin.

Un loup africain

Le loup d'Abyssinie vit au nord de l'Éthiopie à plus de 3 000 m d'altitude. Il en reste moins de cinq cents et il aura peut-être disparu dans une dizaine d'années, victime des hommes et de leurs chiens. Contrairement au loup gris d'Europe, il chasse en solitaire rongeurs, damans et lièvres.

Pour limiter le nombre de jeunes à nourrir, seul le couple dominant a le privilège de se reproduire.

Une vraie histoire d'amour

À la saison des amours, le couple dominant se montre de plus en plus affectueux, multipliant les gestes tendres avant de s'accoupler. Après deux mois de gestation, la louve a une portée de 4 à 6 petits, pesant environ 500 g chacun. Les louveteaux restent trois semaines dans la tanière, au creux d'un arbre ou d'un rocher. D'abord ils tètent le lait de leur mère, puis, ils attendent la viande que les adultes régurgitent pour eux.
À dix mois, ce sont déjà de vrais chasseurs !

À quatre mois, les louveteaux sortent de plus en plus, jouent beaucoup et s'exercent à la chasse.

L'Amérique

Le continent américain couvre 15 000 km et présente mille et un visages. Les terres boréales hébergent ours et renards polaires, puis viennent de vastes plaines drainées par deux grands fleuves, le Mackenzie et le Mississippi. Les montagnes Rocheuses à l'ouest et les Appalaches à l'est contrastent avec les marécages de Floride infestés d'alligators et autres caïmans. L'isolement de l'Amérique du Sud, rattachée au nord par une bande étroite, lui a permis de développer une faune et une flore particulières : vigognes et guanacos dans la cordillère des Andes, tinamous et tatous dans les pampas. Enfin, l'Amazonie, une forêt de 6 millions de km^2, abrite jaguars, singes hurleurs, colibris... et cache la féroce harpie.

Dans les montagnes Rocheuses

Les montagnes Rocheuses s'étendent sur plus de 5 000 km, des glaces de l'Alaska jusqu'au Mexique. Quel que soit l'endroit où tu iras, sommets aux neiges éternelles, forêts de pins et d'épicéas des hauts plateaux ou, plus bas dans la vallée, forêts de bouleaux et de hêtres, tu feras d'étonnantes rencontres !

L'ours noir, ou baribal
On ne le croise que dans le nord des montagnes Rocheuses. Il profite des heures les plus fraîches de la journée pour se nourrir. Son menu est principalement composé de végétaux qu'il agrémente de faons, de castors, de crabes ou de saumons... suivant les saisons.

Le kodiak
Ce géant – 3,50 m de haut dressé sur ses pattes arrière – est un grand amateur de pêche aux saumons. Posté au milieu d'un cours d'eau, il attend le passage d'un poisson... et soudain, d'un seul coup de patte, il le harponne. Il faut dire qu'il a une arme imparable : des griffes de 14 cm de long. Comme son nom l'indique, cet ours vit sur l'île Kodiak, dans le golfe d'Alaska.

Un petit coup de bombe

Les agences de voyage qui organisent des circuits dans les montagnes Rocheuses recommandent aux touristes d'emmener dans leur bagage une bombe anti-ours (*bear-spray* en anglais) qui, semble-t-il, est plutôt efficace pour le faire fuir. Encore faut-il avoir le temps de la sortir de son sac !

Le grizzli
C'est l'ours brun d'Amérique : il vit à l'ouest des États-Unis et au Canada. Lui aussi est friand de saumons. Lorsque les poissons remontent les rivières, le grizzli n'a plus qu'à se servir ! Il marque son territoire en lacérant de ses griffes les troncs d'arbres et en laissant ses odeurs. C'est sa manière de dire aux autres : propriété privée, passez votre chemin !

La chèvre des montagnes Rocheuses
Plus haut, toujours plus haut ! Cette chèvre fréquente les pics et les falaises, sans jamais descendre dans la vallée. Comment un mâle de près de 150 kg peut-il escalader des parois à 50° ? En fait, cette chèvre est dotée de sabots spéciaux, rugueux et anti-dérapant : souples au milieu, ils épousent la surface des rochers ; plus durs sur les bords, ils permettent de s'accrocher… comme avec des crampons.

Le bighorn d'Amérique du Nord
Ce grand mouton sauvage arbore des cornes de 90 cm qui n'atteignent leur plein développement qu'à sa sixième année. Les mâles aux cornes de même taille s'affrontent pour un harem : ils s'écartent, se dressent sur leurs pattes arrière et se percutent violemment. Le claquement de leurs cornes résonne dans toute la vallée. Ces chocs sont sans gravité, car le gagnant est celui qui a fait reculer l'adversaire, même d'un pas !

L'aigle royal
Emblème des États-Unis, cet oiseau de proie fréquente les régions ouvertes, où il lui est facile de repérer ses proies. Son territoire est immense : près de 10 000 hectares ! Il construit son nid en hauteur, sur les bords d'une falaise.

Animal Totem

Pour les Indiens, le lynx était le gardien des secrets des hommes. Il permettait au Brave de percer le cœur des gens et de voir leurs mensonges. Certaines tribus l'invoquaient avant de partir au combat : les guerriers peignaient sur leur visage des marques symbolisant ses griffes.

Le lynx roux, ou bobcat
Ce solitaire vit surtout dans les forêts de feuillus ou de conifères, jusqu'à 2 500 m d'altitude. On le rencontre dans divers milieux, à l'exception des plaines ouvertes où il est difficile de se cacher. En une nuit de chasse, il parcourt une vingtaine de kilomètres pour débusquer des lapins et des lièvres. Il s'attaque aussi à des petits rongeurs, parfois même à de jeunes cerfs.

Le bison, rescapé du Far West

On pourrait croire qu'il traîne avec difficulté son imposante carcasse à travers les plaines de l'Ouest. Il n'en est rien ! Le bison – *buffalo* pour les Américains, *tatanka* pour les Indiens – est un véritable marathonien capable de parcourir de grandes distances, de galoper à 60 km/h, de franchir des obstacles, de traverser les rivières à la nage… et de se battre comme un Brave !

En hiver, le bison résiste aux tempêtes et aux vents glacés grâce à sa fourrure isolante, aux poils de 50 cm. Pour atteindre l'herbe enfouie, il déblaie la neige à coups de tête et de sabots.

Avec de telles capacités physiques, les bisons craignent peu les prédateurs. Seuls les grizzlis et les loups peuvent tenter une attaque, mais ils ne représentent un réel danger que pour les individus âgés ou malades. Car, en plus de leurs aptitudes, les bisons ont de l'entraînement ! En toutes saisons, les mâles s'affrontent pour affirmer leur domination ou pour séduire les femelles. Se tenant face à face, ils grattent le sol de leurs sabots en mugissant, tête baissée et langue pendante. Puis, ils se percutent violemment pour se déséquilibrer ou se transpercer le flanc avec leurs cornes.

Les longues marches…

Au XIXe siècle, le bison occupait un territoire qui s'étendait de la vallée du Mississippi aux montagnes Rocheuses et du nord du Mexique à l'Alaska. Tous les automnes, les troupeaux se rassemblaient. Fuyant les grands froids, ils migraient vers les plaines du sud, parcourant plusieurs centaines de kilomètres. Couvert de milliers de têtes, le sol semblait tapissé d'une immense nappe brune, ondoyant de dos laineux. Le troupeau choisissait le trajet le plus direct et le plus praticable, pourvu qu'il soit jalonné de points d'eau. Au printemps, les bisons faisaient le chemin inverse pour retrouver de verts pâturages.

Lors des grandes migrations, les trains et les bateaux pouvaient être immobilisés pendant de longues heures par les troupeaux.

C'est à coups de tête et de cornes que les mâles s'affrontent... Le gagnant dominera le troupeau.

Buffalo Bill

Le chasseur de bisons le plus connu, William Cody, s'est rendu tristement célèbre par le nombre de têtes qu'il tuait chaque jour. En 18 mois, il en massacra 4 280, d'où son surnom de Buffalo Bill.

Pour le bonheur des Indiens

Les Indiens du nord de l'Amérique profitaient de ces rassemblements pour lancer les grandes chasses, car leur survie dépendait entièrement de *tatanka*. Ils consommaient sa viande (fraîche ou séchée), utilisaient sa peau pour se vêtir, pour couvrir les tipis et les canoës… Ils fabriquaient divers outils avec ses os et ses cornes, et se servaient de ses tendons pour faire des cordes d'arc.

Les différentes espèces

Le bison d'Europe et celui d'Amérique sont aussi impressionnants l'un que l'autre, puisque tous deux atteignent la tonne ! En revanche, le bison américain a le crâne plus massif et porté plus bas que son cousin d'Europe, et l'avant de son corps est plus large. Sa toison plus fournie sur les épaules accentue l'impression de lourdeur qu'il donne.

Une triste fin !

Lors de la conquête de l'Ouest, pour coloniser les terres habitées par les Indiens, ou pour construire la ligne de chemin de fer transcontinentale, les pionniers tuèrent d'immenses troupeaux. On organisa même des concours… à qui en abattrait le plus ! Dans les années 1800, on estimait leur population entre 30 et 60 millions de têtes. En 1877, lorsqu'on commença à les protéger, il n'en subsistait que quelques centaines dont un troupeau de 300 têtes épargné par ces massacres. Leurs descendants s'ébattent encore librement dans le parc de Yellowstone, situé au cœur des montagnes Rocheuses. Aujourd'hui, environ 80 000 bisons vivent dans des réserves sur le continent nord-américain.

Quelques heures après leur naissance, les jeunes bisons courent avec le troupeau. Les adultes forment alors un véritable bouclier défensif pour les protéger.

Bienvenue chez les chiens de prairie

Sur les hauts plateaux des montagnes Rocheuses, ces petits rongeurs vivent en colonies géantes de plusieurs centaines d'individus. Véritable labyrinthe de galeries, ces "villes" souterraines abritent plusieurs clans d'une dizaine de membres. Gare à la famille qui essaiera d'envahir le territoire d'une autre, elle se verra expulsée sans ménagement !

En 1900, environ cinq milliards de chiens de prairie vivaient du Mexique au Canada. En un siècle, leur population a chuté de 98 %, car ils sont victimes des fusils des éleveurs qui les accusent de ravager leurs terres, des bulldozers qui détruisent leurs cités, ou encore des empoisonnements à la strychnine !

Les chiens de prairie disposent d'une étonnante variété de signaux, d'une douzaine de vocalisations et de caresses qui leur permettent d'échanger des informations avec les autres membres de la communauté sur la nature d'un danger, son imminence, la présence d'un intrus...

① D'un puits central part une série de couloirs qui s'étendent sur 3 à 30 m de long et jusqu'à 4 m de profondeur. Ces galeries conduisent aux chambres d'habitation et de stockage. Toutes sont reliées par des boyaux latéraux couvrant plusieurs kilomètres.

② Des galeries peu profondes offrent un abri immédiat où l'animal peut se retourner pour "aboyer" sur ses ennemis.

③ De nombreux trous, espacés de 5 à 6 m, permettent aux chiens de prairie de se mettre à l'abri en cas d'alerte. Ces orifices sont bordés d'un petit remblai de terre durcie à coups de museau, qui sert de poste d'observation et protège les nids des inondations.

④ Une "coterie" rassemble un mâle, trois ou quatre femelles, et leurs petits.

⑤ Corps rejeté en arrière et tendu comme un arc, pattes levées vers le ciel, le guetteur lance un *yip* strident, signal d'alarme pour avertir les autres. À la moindre alerte de la sentinelle, toute la colonie court se réfugier dans les terriers.

⑥ Parmi les prédateurs des chiens de prairie (coyote, glouton, aigle, chat sauvage...), le putois est redoutable : il attaque leur terrier, tuant les occupants pour s'y installer.

⑦ À l'entrée des terriers, ils s'embrassent : en fait, ils se touchent les dents pour se reconnaître !

⑧ Au printemps, les mâles s'affrontent pour la possession d'un harem. Ils se fixent du regard, entrechoquent leurs dents et plaquent leur queue sur le sol avant de se bondir dessus, toutes griffes dehors. Le combat dure moins de 30 min, parfois sanglantes !

Gaffe sonore

Le chien de prairie n'a absolument rien d'un chien, puisqu'il appartient à la famille des écureuils ! Ce sont les premiers colons, partis à la conquête du Nouveau Monde au XVIe siècle, qui ont confondu son cri d'alarme avec un aboiement !

Des reptiles géants

Immobile, il ne laisse émerger des eaux calmes que ses yeux et ses narines. Malheur à celui qui passera par là pour se désaltérer ! Tout à coup, le distrait se verra saisi par de puissantes mâchoires et entraîné vers le fond. Moralité : un bout de bois dérivant à la surface dissimule parfois un redoutable alligator attendant son dîner !

Les crocodiles se distinguent des alligators et des caïmans à la 4e dent de leur mâchoire supérieure. Chez les crocodiles, elle entre dans une encoche et demeure visible bouche fermée.

À la chasse

Tu aurais cependant tort de considérer les crocodiles comme des chasseurs paresseux à l'affût d'un faux pas de leur victime. Rusés, ils choisissent le meilleur moment pour mener leur attaque. Ils sont capables de bondir à plus de 1,50 m au-dessus de l'eau à une vitesse surprenante, ou de courir sur la berge pour rattraper un fuyard. Si le gibier est trop gros pour être avalé d'une seule bouchée, l'alligator l'entraîne sous l'eau et le noie. Il le place ensuite dans un garde-manger jusqu'à ce que l'animal se décompose.

Des dents à répétition

Leurs dents pointues ne permettent pas la mastication. Ce sont des armes puissantes pour saisir, mais impossible de découper ou de mâcher avec. Très souvent le crocodile en perd une. Celle-ci est immédiatement remplacée par une autre, cachée dans une cavité à la base de la précédente. À peine formée, cette nouvelle dent grandit et atteint sa taille définitive. Elle repoussera ainsi une cinquantaine de fois.

Des attaques redoutables

À la saison des amours, le mâle combat ses rivaux avec férocité, à grands coups de mâchoires, pour obtenir les faveurs des femelles. De même, se sentant menacé, il peut attaquer ou renverser une embarcation. Sachant qu'un grand spécimen pèse quatorze fois le poids d'un homme, qu'il attrape et noie des proies aussi lourdes que lui, l'homme a peu de chances face à lui !

Surprenante découverte

En juillet 1999, un alligator de 2,13 m a été abandonné dans un sac de couchage devant le zoo de San Diego (Californie). Lorsque la police l'a découvert, il avait la gueule entravée avec du scotch et portait le message suivant : *Bonjour, je suis Wally. Je mange des poulets et des canards et je suis devenu trop gros pour Santee. J'ai besoin de beaucoup d'amour.*

Sur tous les continents

Plus de vingt espèces de crocodiliens habitent les zones humides et chaudes (lacs, rivières, marais et estuaires) des régions tropicales de la planète. En Amérique du Nord, on rencontre des alligators ; en Amérique du Sud, des crocodiles et des caïmans.

Alligator d'Amérique
Marais, fleuves, lacs sur le cours du Mississippi.
2 à 6 m. Dangereux pour l'homme.

Caïman noir
Bassins de l'Amazone et de l'Orénoque jusqu'en Guyane
Le plus grand et le plus dangereux de tous les caïmans.

Caïman à lunettes
Encore abondant sur les bords des rivières, du Mexique au Paraguay.

Crocodile américain
Espèce plus rare d'Amérique centrale.

Crocodile du Nil
5 m de long. Afrique.
Prédateur féroce, il s'attaque aux mammifères de toutes tailles.

Gavial
Nord de l'Inde.
Jusqu'à 7,50 m pour 1 t.
Espèce la plus répandue qui habite toutes les zones humides d'Asie et du Pacifique. Son aptitude à survivre en mer lui a permis de coloniser des îles comme les Nouvelles-Hébrides.

Crocodile de marais
Vit en Inde, au Pakistan, au Népal.

Alligator de Chine
Dépasse rarement 1,50 m.
Marais, étangs et rivières autour du Yang-Tseu-Kiang.

Le sexe des petits est déterminé en fonction de la température d'incubation des œufs : à plus de 32 °C, c'est un mâle qui verra le jour ; entre 28 et 30 °C, une femelle.

Un nid douillet

Crocodiles et alligators, polygames, font la cour à leurs partenaires. Le mâle nage autour de l'élue, se frotte contre elle, ou fait des bulles avec ses narines ! Le caïman, lui, lève la tête, agite sa queue, la dresse hors de l'eau… Avec de tels exercices de séduction, les belles sont conquises. Après l'accouplement, pour tenir la couvée au chaud, caïmans et alligators construisent des "nids monticules" avec de la terre et des feuilles mortes. Les crocodiles creusent un trou sur les plages. La femelle pond entre 15 et 80 œufs. Quelque 70 jours plus tard, les petits casseront leur coquille, impatients de rejoindre l'eau.

Une maman aux aguets

Les nouveau-nés restent groupés près de leur mère plusieurs semaines, car ils ont de nombreux prédateurs : varan, vautour, cigogne, et même crocodile et alligator ! Au Surinam, les petits du caïman commun ne se dispersent que la nuit pour se nourrir d'insectes… et maman surveille toujours d'un œil sa progéniture !

Les reptiles dépendent de leur environnement pour se maintenir à une bonne température (de 30 à 35 °C suivant les espèces). Lorsqu'ils ont trop chaud, les crocodiliens se réfugient dans l'eau pour abaisser leur température et, s'ils ont froid, ils s'exposent au soleil.

Un océan de verdure

"Forêt d'émeraude", "pays au mille rivières", "enfer vert"... La forêt amazonienne est tout cela. Dans cet océan d'arbres et de lianes vivent les deux tiers des espèces animales et végétales de la planète. Un seul arbre héberge jusqu'à 150 espèces d'insectes, de grenouilles et d'oiseaux qui trouvent feuilles, fleurs et nectar à volonté. Un vrai trésor !

La forêt amazonienne, la forêt la plus vaste de notre planète (elle s'étend sur 6 millions de km^2), est traversée par l'Amazone, un véritable fleuve océan, et ses nombreux affluents.

La forêt présente plusieurs niveaux de végétation : le sous-bois que la lumière n'atteint pas, un étage où les arbres, de 20 à 30 m de haut, hébergent la plupart des espèces, enfin, à plus de 60 m du sol, le feuillage s'étale et forme une voûte, la canopée, où vivent surtout des oiseaux.

Une faune très diverse

Avec plus de 1,5 millions d'espèces végétales et animales estimées, c'est un véritable paradis naturel que les naturalistes sont bien loin d'avoir exploré. Son sol est couvert d'un tapis de matière végétale en décomposition où de nombreux insectes s'activent, tels les iules et les scolopendres. Ils attirent de petits rongeurs et quelques mammifères plus gros, comme le tapir ou le tatou. Les proies étant abondantes, les carnivores sont très variés, depuis l'énorme jaguar de 80 kg jusqu'au kinkajou qui n'en pèse que 2.

Les teintes vives cachent souvent un terrible danger ! Ainsi, lorsqu'il est menacé, le dendrobate sécrète un produit toxique qui tue ses prédateurs en quelques secondes !

Maxi gros !

La Guyane abrite le plus grand des longicornes (insecte mangeur de bois), *Titanus giganteus* qui atteint presque 17 cm de long, alors que d'autres espèces de la même famille ne dépassent pas 2 mm !

Piranha

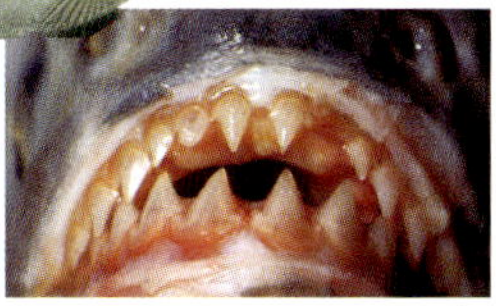

Un fleuve

L'Amazone compte dix fois plus d'espèces de poissons que les fleuves d'Europe et, chaque année, les scientifiques découvrent des dizaines d'espèces. Dans ses eaux, c'est plutôt baignade interdite : un tronc d'arbre mort cache en fait un caïman qui attend patiemment une proie à sa portée pour bondir et la croquer. Plus petits, mais aussi dangereux, les piranhas sont capables de dévorer une grosse proie en ne laissant que les os. Une bande de ces terribles carnivores dévorent en quelques minutes un cabiai de 60 kg !

Les rois du camouflage

Pour survivre dans un monde de prédateurs, les insectes ont plusieurs moyens de défense. Au Costa Rica, un criquet tropical appelé katydide imite si bien une feuille morte qu'il échappe facilement aux oiseaux,

Sauterelle

Katydide

grenouilles et lézards. Au Pérou, une espèce de sauterelle sud-américaine ressemble à une brindille d'autant qu'elle se balance doucement, comme si elle était agitée par le vent. Une autre technique consiste à effrayer l'adversaire. Le caligo, par exemple, fait peur aux oiseaux alors qu'il n'est pas plus grand que la main. En fait, le dessous de ses ailes est de la couleur d'une feuille-morte avec deux grandes taches en forme d'œil, les ocelles. Ce dessin rappelle une tête de rapace, ce qui lui vaut le surnom de "papillon chouette".

Caligo

Des singes primitifs

La forêt amazonienne abrite aussi une cinquantaine d'espèces de primates. Contrairement à ceux d'Afrique, ces singes sont les plus primitifs : ils ne saisissent pas un objet avec leur pouce, mais le serrent grâce à leurs cinq doigts contre la paume de leur main. Seuls les ouistitis et les tamarins possèdent des griffes et non des ongles et, au lieu d'attraper les branches avec leurs mains ou leurs pieds, ils se cramponnent en plantant leurs griffes dans l'écorce des arbres. Ils utilisent leur queue comme un 5e membre.

Les forêts tropicales

Dans les forêts tropicales, l'abondance des pluies (plus de 1,5 m d'eau par an, jusqu'à 5 fois plus qu'en France) combinée à la chaleur constante (26 °C) favorisent la croissance des plantes.

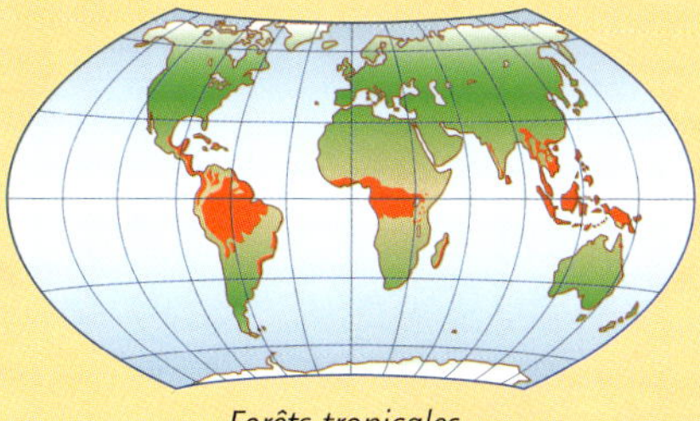

Forêts tropicales

Un monde caché

Entrons maintenant au cœur de la forêt… Il fait chaud, humide et étouffant ! De plus, peu de lumière parvient à pénétrer jusqu'au sol et il faut avancer dans cette pénombre. Sans oublier qu'à tous moments un animal peut nous mordre, nous piquer ou, pire, nous empoisonner !

Les poils du **paresseux didactyle** poussent dans le sens inverse que sur les autres animaux, car il se suspend aux branches, les pattes en l'air. C'est dans cette position qu'il se déplace, se nourrit, dort et se reproduit !

Champignonnière

Ce n'est pas pour leur consommation que les fourmis coupeuses récoltent les feuilles. Dans des galeries souterraines, elles s'en serviront d'engrais pour un champignon, leur seul aliment. Les ouvrières, bonnes jardinières, enduisent les feuilles de salive, les attendrissent et les incorporent à un terreau qui améliore la production !

À l'aide de son long nez et de ses grosses griffes, le **coati** fouille les feuilles mortes à la recherche de vers, araignées, mille-pattes, grenouilles et crabes. Ce petit carnivore, de la famille des ratons laveurs, a aussi un dessert favori : les fruits du palmier !

Contrairement aux autres crapauds, les bébés du **pipa pipa**, ou crapeau du Surinam, ont la particularité de venir au monde déjà transformé : la femelle porte sur son dos 40 à 100 œufs qui donneront naissance à des bébés pipa copies conformes de leurs parents !

L'**anaconda** se prélasse dans les petits cours d'eau et les flaques. Ce boa géant (12 m) se nourrit d'oiseaux et de mammifères qui viennent se désaltérer.

Les **fourmis coupeuses de feuilles** débitent et transportent des quantités incroyables de végétaux, jusqu'à 50 fois leur poids. Les plus petites de la colonie frappent les mouches qui cherchent à déposer leurs œufs sur le dos des ouvrières !

Machine à broyer

Le jaguar attrape les tortues d'eau douce quand elles quittent leur ruisseau pour aller pondre. Si sa proie est grosse, il extrait le corps en glissant une patte dans l'orifice situé à l'avant, sans casser la carapace. Si la tortue est petite, il broie la carapace de ses crocs puissants.

L'**opossum** est un drôle de marsupial. Il donne naissance, après treize jours de gestation, à vingt-cinq larves qui remonteront toutes seules jusqu'à sa poche ventrale pour y grandir. Seuls les premiers arrivés vivront, car leur mère ne possède que dix mamelles.

Ce magnifique chat tacheté, l'**ocelot**, de 12 à 15 kg vit souvent en couple. Mâle et femelle chassent ensemble singes, rongeurs, lézards, oiseaux... Longtemps capturé pour sa fourrure, il est protégé depuis 1989.

Ce solitaire signale sa présence par des jets d'urine et des griffures sur l'écorce des arbres. Discret, on l'entend plus qu'on ne le voit ! Adorant l'eau, le **jaguar** traverse des rivières de plusieurs kilomètres de large. Il adapte son régime alimentaire aux possibilités locales et capture aussi bien pécaris, que cabiais ou caïmans.

Ce joli rongeur est assez émotif : le jour, l'**agouti** se cache dans les trous ou le creux des arbres ; la nuit, il sort pour se nourrir.

L'**ibis rouge** fréquente les marais, les estuaires et le bord du fleuve. Sa couleur est due aux pigments rouges contenus dans les crevettes qu'il mange.

L'**arowana**, un poisson du bassin de l'Amazone, est un bon père. Il garde ses œufs dans sa grande bouche jusqu'à leur éclosion. Au bout de 25 jours environ, il libère les alevins !

On la surnomme **grenouille singe** car elle reste perchée toute la journée. En pressant sa peau, on récupère un liquide qui a la propriété de diminuer la douleur et de détruire les bactéries !

Numéro de haute voltige

Dans les plus hautes branches de la forêt tropicale, la vie bat son plein même si ce n'est pas toujours visible : oiseaux au plumage coloré et papillons multicolores apparaissent de temps à autre dans le feuillage. Des hurlements et des plaintes résonnent au milieu de la végétation luxuriante : ils sont émis par les singes du Nouveau Monde !

Le kinkajou
Il mange surtout des fruits et lèche le nectar des fleurs avec sa très longue langue. Il vit, seul la plupart du temps. Pour se repérer la nuit, il dépose sur l'écorce des arbres les sécrétions odorantes des glandes situées sur son menton, sa poitrine et son ventre.

Le ouistiti
Sa queue est plus longue que les quelque 50 cm de son corps ! Installé au sommet des arbres, il mange des insectes, des fruits et des feuilles. Le plus petit de tous les singes, le ouistiti mignon, mesure 32 cm en tout pour un poids de 85 g ! Il entaille les arbres grâce à ses incisives et se nourrit de la gomme qui en suinte.

L'aigle harpie
On l'appelle aussi "la harpie féroce" ce qui en dit long sur ses qualités de chasse. Au-dessus de la cime des arbres, ce rapace repère ses victimes avant de plonger pour les attaquer.

L'ouakari rubicond
Il se cache dans le feuillage des arbres. On dit que lorsqu'il est surpris, il se fâche tout rouge. Sa tête passe alors du rose clair à l'écarlate et il pousse un cri perçant. Rien de tel pour faire fuir le plus téméraire !

Le colibri, ou oiseau-mouche
Il mérite bien son nom car il a la taille d'une très grosse mouche. Le colibri de Cuba, le plus petit de tous les oiseaux ne mesure que 6 cm et pèse moins de 2 g ! C'est par son vol unique que le colibri étonne le plus : il vole aussi bien en avant qu'en arrière et fait même du sur-place au rythme de 200 battements d'ailes par seconde !

L'atèle, ou singe-araignée
Malgré ses 12 kg, il parvient à bondir à plus de 10 m ! Très agile, il se sert de sa queue pour se suspendre aux branches. Il adore les fruits bien mûrs, riches en sucre et en vitamines.

Le boa émeraude
Il est difficile à distinguer dans les branchages, car il se confond avec le feuillage. Pourtant, il naît tout rouge et verdit en vieillissant. Pour tuer, il s'enroule peu à peu autour de sa victime, contracte les muscles de son corps et serre de plus en plus fort jusqu'à l'étouffer. S'il mange un singe, il met des semaines à le digérer !

Le saïmiri, ou singe-écureuil
C'est un mini-singe : 35 cm de haut pour 1 kg ! Victime idéale de la terrible harpie, le saïmiri préfère vivre en groupe, protégé par des sentinelles qui poussent des cris en cas de danger.

Le tamarin lion
Il dort et met au monde ses petits au creux des vieux arbres, ou autour des plantes qui les recouvrent. On le trouve dans la réserve de Poço das Antas, à 180 km de Rio de Janeiro (Brésil), où il est en danger car on détruit sa forêt.

Le *Héliconius charitonius*
Il effraie ses prédateurs grâce à ses ailes rayées de noir et jaune dont la forme ne ressemble plus tout à fait à celle d'un papillon !

Le singe hurleur
Il vit en troupe d'une dizaine d'individus. Il progresse d'arbres en arbres en se balançant dans le vide. Au fond de la gorge, il a des sortes de sacs qui agissent comme des caisses de résonance : leurs cris sont amplifiés et on les entend à des kilomètres !

Le pinché à crête blanche
Il ne vit qu'en Colombie. Il ne porte pas de crinière, mais de longs poils blancs sur le front et la nuque. Le chef du groupe, un vieux mâle, règne sur les autres membres en criant et en hérissant sa crête de poils.

Le toucan
Pratique, le bec du toucan ! Long de 14 à 15 cm, il lui permet de saisir les fruits pendus à l'extrémité des branches. Cet énorme bec est en réalité très léger car il est formé d'os remplis d'air.

La cordillère des Andes

Véritable colonne vertébrale du continent sud-américain, la cordillère des Andes s'étend sur près de 7 500 km, de la Colombie à la Patagonie. Elle présente de nombreux visages : une immense forêt pluviale sur son versant ouest, des alpages humides vers 2 500 m d'altitude, puis des hauts plateaux secs – appelés Altiplano – entre 3 800 m et 4 800 m.

Le puma
Jadis, il occupait l'un des plus vastes territoires d'Amérique qui s'étendait des forêts froides du Canada jusqu'aux pampas d'Argentine. Pourchassé par l'homme, il est aujourd'hui presque éliminé du continent nord américain et ne subsiste qu'en Amérique Centrale et du Sud. Actif toute l'année, on a repéré ses traces à 5 000 m d'altitude. Pour chasser, il s'approche ventre à terre des lièvres, petits cerfs, pécaris, coyotes... et, après une charge rapide, les tue d'une puissante morsure. Il absorbe entre 1,8 et 2,7 kg de viande par jour ; un cerf lui procure ses repas pour deux semaines !

Le quetzal
Il a la taille d'une tourterelle et des couleurs flamboyantes. On le surnomme "le serpent à plumes" tant sa queue est longue (70 cm) et fine. Cet oiseau rare vit dans les forêts humides des montagnes d'Amérique Centrale. Il se régale de baies, de figues, de prunes et d'avocats ; de temps en temps, il ajoute quelques lézards, grenouilles et insectes à son menu.

Le condor des Andes
Chassé par les éleveurs, victime de collisions avec les lignes électriques, de la destruction de son habitat au Pérou et en Bolivie, le condor est menacé de disparition. Le plus grand oiseau du monde (90 cm, 3,15 m d'envergure) possède un bec énorme, parfait outil pour déchiqueter les charognes. Dans les Andes, les courants d'air chaud l'entraînent à plus de 8 000 m d'altitude. Pour économiser son énergie, il ne bat des ailes qu'au décollage, à l'atterrissage ou en cas d'urgence lorsqu'il traverse une zone sans courants. Le reste du temps, il plane !

Le lama
Le lama, tout comme l'alpaga, correspond à l'espèce domestiquée du guanaco. Avec son 1,20 m au garrot et son poids dépassant les 60 kg, il est élevé pour sa viande et sa laine (l'alpaga pour sa toison exceptionnelle de 90 cm au garrot).

On ne gâche pas la nourriture !

Lorsqu'il est rassasié, le puma n'abandonne pas sa proie. Il la cache sous la neige ou la recouvre de terre et de branchages. Ainsi, il viendra tous les jours finir les restes.

Arme fatale

Pourquoi les pumas et les coyottes ne chassent pas la moufette ? Dès qu'un prédateur l'approche, la moufette se retourne et envoie en pleine figure de son assaillant une série de jets liquides puants provenant de ses glandes anales ! Aveuglés, les agresseurs sont incapables de la capturer. En plus, l'odeur nauséabonde imprègne leur fourrure, brouille leur flair et les signale à d'éventuelles proies !

La vigogne
Plus frêle que le guanaco, elle est le seul camélidé à posséder des incisives croissantes comme les rongeurs. Elle lance, avec force et précision, un jet de salive et d'aliments prédigérés tant sur l'homme qui la chasse pour sa laine que sur ses semblables au moment du rut.

Le guanaco
Il est capable de vivre à plus de 4000 m malgré la rareté de l'oxygène, car son sang contient trois fois plus de globules rouges que la normale. De plus, leur forme ovale favorise la fluidité de la circulation sanguine. La femelle n'a qu'un seul petit qu'elle porte pendant près d'un an.

Campo et pampa... caramba !

La pampa – paysage mythique d'Argentine – et le campo brésilien ressemblent à des océans d'herbes. Soumis à des températures excessives, à une sécheresse intense et, en toutes saisons, à un vent violent, leurs habitants sont obligés de se terrer aux heures chaudes de la journée.

La viscache
Ce rongeur est un animal fouisseur (qui creuse le sol) très actif. Il vit en colonies dans un réseau de tunnels, la *viscachera*. L'entrée de ce terrier est entourée d'un monticule dépassant un mètre constitué de déblais, pierres, ossements, tiges et plumes. Le mâle pèse entre 5 et 10 kg.

Le cobaye de la pampa
Il installe son nid dans des zones rocailleuses, au pied de touffes d'herbes où il ira vite se cacher si nécessaire. Lorsqu'il se sent agressé, il pousse des cris perçants et fait claquer ses dents.

Le tinamou tacheté
Difficile de le débusquer car son plumage se confond avec le sol. Quand on le dérange, il attend la dernière minute pour s'envoler et ne s'éloigne jamais beaucoup.

La faute de Christophe Colomb

On connaît le cobaye dans le monde entier sous le nom de cochon d'Inde. Ce rongeur, qui n'a rien d'un cochon, a été remarqué en Amérique du Sud par les Conquistadores à l'époque où l'on croyait avoir découvert les Indes. D'où l'erreur ! Au Pérou, les Incas l'avaient domestiqué depuis longtemps, non seulement pour déguster sa chair délicate, mais aussi pour l'offrir en sacrifice à leurs dieux.

Le tatou à neuf bandes

Protégé par sa carapace osseuse et doté de puissantes griffes aux pattes avant, le tatou ne craint ni les buissons épineux ni ses ennemis. C'est le seul tatou capable de nager, car il retient sa respiration pendant 6 min ! Son cousin, le tatou à trois bandes, se roule complètement en boule en cas de danger.

Le loup à crinière

Il a l'allure d'un renard doté de pattes très longues. Timide, il préfère les endroits boisés où il peut s'abriter. Nocturne et solitaire, il chasse de préférence les cobayes et les lapins. Si la faim le tenaille, il capture aussi des reptiles, des oiseaux et des insectes et mange même... des fruits !

Des nains et des géants

Le tatou rose, appelé aussi tatou nain, mesure 12,5 cm de long et pèse moins de 100 g, alors que le tatou géant atteint 1,50 m et pèse jusqu'à 55 kg !

Le grand fourmilier, ou tamanoir

Comme son nom l'indique, avec lui, c'est fourmi à tous les repas (même s'il lui arrive de croquer un fruit, une larve ou quelques termites). La nuit, il éventre les fourmilières grâce aux solides griffes de ses pattes avant, plonge sa longue langue visqueuse à l'intérieur et la ressort engluée de fourmis... On a calculé qu'il en mange environ 30 000 par jour !

Le nandou

Champion de course à pied – 1,50 m par foulée ! – il est en revanche inapte au vol. La famille est constituée d'un mâle et de plusieurs femelles. En bon papa, monsieur couve les œufs et protège les poussins. Quand son nid est menacé, le nandou court en zigzag en traînant ses ailes comme s'il était blessé.

Les îles Galàpagos

Situé dans l'océan Pacifique à 1 000 km au large de l'Équateur, cet archipel est l'un des derniers paradis naturels du monde puisqu'il abrite deux mille espèces qui n'existent nulle part ailleurs : tortues géantes, lézards marins, oiseaux inaptes au vol…

Il y a plusieurs millions d'années, des volcans surgissent de l'océan Pacifique et donnent naissance aux Galàpagos. À cette époque, seule la lave recouvre les treize îles et la centaine d'îlots de l'archipel. On explique que les espèces qui s'y trouvent aujourd'hui ont débarqué du continent américain par les airs ou entraînées par les courants marins, comme le courant de Humbolt ou le fameux El-Niño.

L'iguane des Galàpagos
Ce plongeur émérite – le seul lézard à vivre dans l'océan ! – reste près d'une demi-heure sous l'eau. Il se propulse en agitant sa queue latéralement, les pattes plaquées le long du corps. Malgré sa taille (1,70 m) et son allure préhistorique, il n'a rien d'un monstre. Inoffensif, il broute les algues couvrant les roches… et il adore les bains de soleil !

L'iguane terrestre
Plus rare que l'espèce marine, on le repère sans peine sur les étendues désertes de lave mauve et noire. Végétarien, il affiche une nette préférence pour les raquettes de certains cactus.

L'otarie des Galàpagos, ou lion de mer
On en recense plus de 50 000 sur les plages aux eaux calmes où elles se baignent aux heures chaudes. L'otarie plonge jusqu'à 45 m – le record étant à 186 m ! Poulpes et poissons sont ses proies favorites. Contrairement à sa cousine de Californie qui s'accouple à terre, elle s'unit dans l'eau.

Pour la forme
La tortue éléphantine a donné son nom à l'archipel. Les Espagnols, remarquant la ressemblance entre sa carapace retroussée à l'avant et la selle de leur monture, l'ont appelée *galàpagos*, ce qui signifie à la fois tortue et selle en espagnol !

Les tortues terrestres
Elles sont géantes : 1,20 m de long pour 250 kg ! Différentes sur chaque île, on en dénombre 13 000 sur l'ensemble de l'archipel. Elles restent leur vie durant dans la même carapace car celle-ci est composée d'écailles qui grandissent tous les ans.

Les fous

L'archipel en abrite de nombreuses espèces, toutes ornées de couleurs vives : fou masqué, fou à pieds bleus, à pieds rouges. On les appelle "fou" à cause de leur étonnante manière de pêcher : lorsqu'ils repèrent un poisson, ils se laissent tomber en piqué d'une vingtaine de mètres et pénètrent verticalement dans l'eau comme des flèches.

Les frégates

Elles nichent sur les îles. À la saison des amours, le mâle arbore sous la gorge un sac d'un rouge intense : il le gonfle démesurément afin de décider une femelle à partager son nid.

Le manchot des Galàpagos

Unique espèce de manchots à vivre ailleurs qu'en Antarctique, on ne le trouve que sur deux îles de l'archipel. Il a pour habitude de frotter le cou et le bec de ses congénères.

Le cormoran aptère

Il a perdu depuis si longtemps l'usage de ses ailes, qu'il est incapable de voler. Très maladroit et vulnérable au sol, il est parfaitement à l'aise dans l'eau, son véritable élément. Il se nourrit de poissons et de mollusques, et c'est surtout un grand amateur de poulpes.

Les pinsons de Darwin

En 1835, Charles Darwin, un jeune naturaliste anglais, participe à une expédition scientifique à bord du *Beagle*. En escale aux îles Galàpagos, il découvre treize espèces distinctes de pinsons, toutes proches de celle d'Amérique du Sud. Darwin imagine alors un scénario : il y a fort longtemps, quelques pinsons partent du continent et atteignent l'archipel. Là, ils prolifèrent car les graines sont abondantes. Mais, devenant de plus en plus nombreux, chacun doit s'adapter pour survivre : les oiseaux pourvus d'un gros bec cassent les graines les plus dures, ceux au bec long et fin préfèrent manger des insectes… Finissant par ne plus avoir la même alimentation, les oiseaux ne fréquentent plus les mêmes endroits. Peu à peu, ils donnent naissance à de nouvelles espèces. C'est à partir de ses observations que Darwin écrira sa célèbre théorie de l'évolution.

L'Afrique

Ce continent, l'un des plus riches quant à sa faune, possède un climat chaud, plus ou moins humide selon l'abondance des pluies. Ainsi, au niveau de l'équateur, la forte humidité favorise les forêts denses où chimpanzés et gorilles voisinent. Au nord et au sud s'étendent les forêts sèches et les savanes où l'on peut admirer les herbivores (girafes, zèbres, buffles...), les grands félins (léopards, lions...), et surprendre les vautours et autres charognards. Plus loin sous les tropiques, comme à l'extrême nord, les pluies se font très rares. Là, les déserts dominent ; ils abritent suricates, lézards et scorpions... tous assez résistants pour ignorer la soif.

Vivre dans le désert

Beaucoup pensent qu'un désert, par définition, est… désertique ! Pourtant, malgré la chaleur accablante, le manque d'eau et les écarts de température entre le jour et la nuit, on y croise nombre de reptiles, rongeurs, oiseaux et petits mammifères. À chacun de trouver sa recette pour survivre !

Résister à la soif

Pour les animaux des régions désertiques, il est vital de ne pas perdre trop d'eau. Antilopes, gazelles et petits rongeurs ont, par exemple, une urine extrêmement concentrée et des crottes très sèches. D'autres, comme les gerboises, peuvent passer toute leur vie sans jamais boire, car l'eau contenue dans leur nourriture (graines, fleurs, feuilles, insectes…) suffit à leur organisme.

Choisir le meilleur endroit

Pour se protéger de la chaleur, les animaux adoptent souvent des mœurs nocturnes. Ainsi, les lézards passent la journée à l'abri dans une fente de rocher ou sous un buisson, et ne sortent que la nuit pour se nourrir. D'autres espèces, comme l'oryx et l'addax (des antilopes du Sahara), entreprennent des migrations pour trouver les pâturages qui se développent après les rares pluies.

Un animal du "vrai désert"

L'addax, antilope la mieux adaptée au désert, peut se passer de boire pendant des mois, voire une année : ses besoins minimes en eau sont couverts par l'humidité contenue dans les plantes, et son estomac possède une structure particulière qui lui permet de produire de l'eau à partir des tissus de réserve. Enfin, pour se protéger des vents brûlants et agrandir la zone d'ombre disponible, elle creuse, avec ses pattes avant, des trous profonds au pied des buissons.

S'élever dans les airs…

Pour se soustraire à la chaleur du sable, pourquoi ne pas se percher à quelques dizaines de centimètres du sol ? Ainsi, l'agame, une des 180 espèces de lézards africains, séjourne aux heures chaudes au sommet de gros blocs ; les grands vautours, comme l'oricou, planent pendant des heures à plusieurs centaines de mètres d'altitude ; quant aux sauterelles, elles sautent toutes les quatre ou cinq minutes.

... ou choisir la vie souterraine

S'enterrer est le moyen le plus simple d'échapper à la canicule. Placé en profondeur, le terrier bénéficie d'un microclimat où la température et l'humidité sont constantes. Alors que la température est de 45 °C à l'extérieur (et donc à plus de 70 °C sur le sable !), les scientifiques ont relevé 25 à 31 °C au fond de terriers de gerboises. Hyène rayée, chacal, fennec, chat des sables, varan, scorpion, insectes et même certaines espèces d'oiseaux, comme la chouette chevêche et le traquet à tête grise, ont opté pour ce mode de vie souterrain.

Le "phénomène de convergence"

Même si elles n'appartiennent pas à la même famille et vivent à des distances considérables, certaines espèces désertiques se ressemblent beaucoup. Ce phénomène, appelé convergence, s'explique par le fait que toutes font face à des conditions de vie équivalentes. Elles ont donc développé des adaptations similaires. Par exemple, les rats kangourous d'Amérique et les gerboises d'Afrique ont de longues pattes arrière et une même démarche bondissante sur le sol brûlant ; le lièvre américain et le fennec saharien sont dotés de grandes oreilles qui augmentent les déperditions de chaleur et favorisent leur ouïe très fine, indispensable pour les chasses nocturnes.

Lièvre américain

Fennec

Gerboise

Rat kangourou

Les déserts dans le monde

Les déserts sont des terres arides où il pleut moins de 25 cm d'eau par an. En Afrique, le plus vaste, le Sahara, s'étend de l'Atlantique à la mer Rouge sur 9 millions de km². Dans les régions les plus chaudes du Sahara, les températures maximales sont de 52 °C en moyenne. En hiver, elles peuvent descendre assez bas : 4 °C, avec des records à – 7 °C et même – 18 °C en altitude dans le Tibesti. L'Afrique compte aussi le Kalahari au sud, le Namib au sud-ouest et le Danakil à l'est. D'autres continents ont des déserts remarquables : la mer d'Aral en ex-URSS, le désert de Sonora en Amérique et le *Great sandy desert* en Australie.

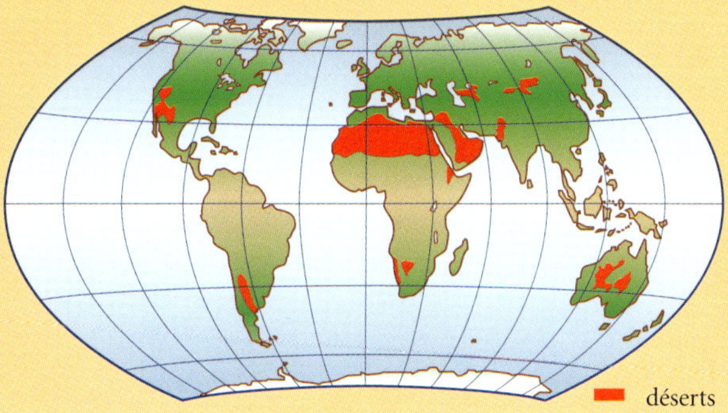

Qui va là ?

Au lever du jour ou à la tombée de la nuit, on les voit lentement émerger de leur cachette. Qui sont-ils ? Petits mammifères, scorpions, lézards et serpents, profitant des quelques heures de “fraîcheur”. Alors… une petite rencontre ?

Le scorpion
Le venin du scorpion jaune à très large queue est presque aussi dangereux que celui du cobra : les toxines qu’il contient provoquent de graves troubles nerveux, entraînant parfois la mort. Il supporte très bien la chaleur et la sécheresse car son corps fonctionne au ralenti et retient l’eau : il respire lentement, se contentant de peu d’oxygène, et ne transpire pas grâce à sa cuticule (son enveloppe) imperméable.

La petite gerboise
Elle échappe à ses nombreux ennemis (fennec, chat des sables...) en sautant sur ses longues pattes arrière. Elle creuse son terrier à coups de dent et à l’aide de ses pattes avant très courtes. Sous ses doigts, une brosse de longs poils raides forme un véritable coussin et l’empêche de s’enfoncer dans le sable mou.

Le fennec
C’est le plus petit des renards et le plus élégant. La nuit, il parcourt au trot son territoire, les oreilles en alerte, attentif. Au moindre bruit, il se couche et tente de repérer sa proie, sauterelle ou gerboise. Soudain, il bondit sur sa victime et la croque. Sans élan, il est capable de sauter 1,20 m en longueur et 70 cm en hauteur.

Le poisson des sables
Installé bien au frais sous le sable, ce lézard (de la famille des scinques) perçoit les déplacements en surface des sauterelles et des criquets : aussitôt il surgit de sa cachette et les happe. En revanche, dès qu’il voit un fennec, un rapace ou un serpent, il s’ensable jusqu’à 15 cm de profondeur ! Son corps cylindrique recouvert d’écailles dures et lisses, sa queue conique et son museau pointu lui permettent de glisser dans le sable... comme un poisson dans l’eau !

La vipère des sables
Son corps est très adapté à son mode de vie sous le sable : sa tête plate est dotée d'yeux orientés vers le haut. Par des mouvements latéraux, elle creuse une tranchée où elle se dissimule. Devenue invisible, elle guette ses proies. Seule une trace en forme de "S" signale la présence de ce dangereux serpent !

Varan contre vipère

Le varan du désert happe et assomme les serpents les plus vigoureux. Il est insensible au venin des vipères. On a déjà extrait une vipère à cornes de 60 cm de long de l'estomac d'un varan de 85 cm !

Le varan du désert
Le plus grand reptile africain – un adulte mesure jusqu'à 1,60 m – fréquente de nombreux déserts. Il mène une existence solitaire et suit toujours le même emploi du temps. Le matin, il part en quête de quelques lézards, oiseaux ou petits mammifères. Si la proie lui échappe, il a toutes les chances de la rattraper : sa vitesse de pointe sur de courtes distances atteint 10 km/h. L'après-midi, il se repose !

Le suricate
Les suricates vivent en groupe au sud de l'Afrique et passent l'essentiel de leur temps à chercher quelques larves dodues, insectes, scorpions, lézards ou petits rongeurs à se mettre sous la dent. Ils peuvent rester plusieurs mois sans boire, se contentant de l'eau trouvée dans les melons sauvages, racines et tubercules qu'ils déterrent. Pendant le repas, l'un d'eux se poste toujours en sentinelle sur un bloc rocheux. Les suricates défendent leur territoire avec courage, n'hésitant pas à attaquer un chacal importun. Mais leur plaisir est le cobra : sitôt qu'un suricate en repère un, il appelle ses copains à la rescousse pour harceler le serpent et le tuer d'une morsure à la nuque.

Le lièvre du Cap
Plus léger que son cousin d'Europe, il ne pèse pas plus de 2,5 kg. Son pelage, un mélange de poils clairs et foncés, lui permet de se confondre avec le paysage.

Les vaisseaux du désert

Indispensable aux peuples du désert, bédouins et touaregs, le dromadaire est capable de rester huit jours sous le soleil sans boire, tout en portant de lourdes charges de cent cinquante kilos. Soumis aux mêmes conditions et sans faire le moindre effort, un homme ne tiendrait pas plus de deux jours !

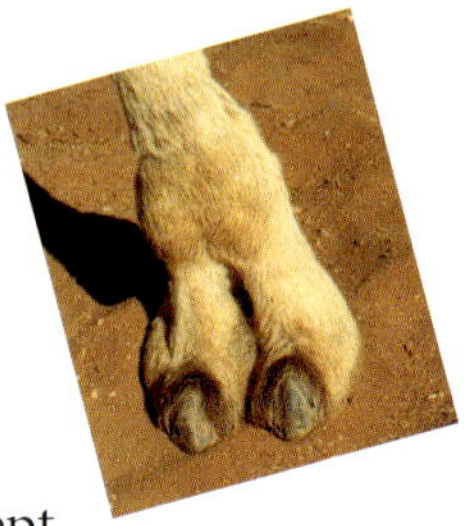

Très prisé pour ses qualités d'endurance, le dromadaire fournit aussi aux peuples nomades la viande, le lait (sept litres par jour en moyenne), le cuir et la laine. La graisse de sa bosse sert à la fabrication de bougies et sa bouse séchée de combustible pour les feux de camp.

Leçon d'anatomie

Dromadaires et chameaux appartiennent à la famille des Camélidés, qui comprend aussi les lamas, les alpagas, les vigognes et les guanacos d'Amérique du Sud (*voir p. 50*). Ils sont tous d'assez grande taille, possèdent de longues pattes, un cou élancé et un museau aux lèvres supérieures très mobiles. Chaque patte repose sur deux doigts, munis chacun d'un petit sabot semblable à un ongle et d'un épais coussinet élastique qui leur évite de s'enfoncer dans le sable. Leur taille varie de 2,30 m pour le dromadaire à 70 cm pour la vigogne et leur poids de 650 à 50 kg.

Quelques herbes sèches

Comme la vache, le dromadaire est un ruminant. Grâce à son cou, il peut aussi bien paître les herbes au sol que brouter les feuillages à 3 m. Il ne craint pas les épines, même les plus acérées. Il résiste des semaines en se nourrissant des pousses les plus sèches et les plus dures du désert. Chaque jour, il en consomme 20 à 30 kg.

Graine de champion

Le méhari, dromadaire élancé aux longues pattes, est capable de parcourir au trot 150 km en une journée et de couvrir 80 km par jour, deux semaines d'affilée !

Amours menaçantes

En période de reproduction, le dromadaire mâle fait sortir le voile du palais de sa bouche et émet un bruit caractéristique : il blatère. Il ne mange plus et devient parfois dangereux. Pour éviter les accidents, les mâles qui travaillent avec les humains sont castrés. Avant de donner naissance à son petit, la femelle se couche sur le sol. Dès qu'il est né, elle l'appelle d'une voix rauque. Le chamelon mesure 1m de haut et possède déjà une petite bosse !

Histoire de bosses !

Le dromadaire n'a qu'une bosse alors que le chameau en a deux. Pourtant, sur certains sujets, on en distingue parfois une seconde à peine visible, à la hauteur des épaules. On a signalé également des chameaux à quatre bosses, mais ceci reste extrêmement rare ! En cas de disette ou d'efforts soutenus, cette bosse constituée de graisse est consommée petit à petit et peut disparaître provisoirement !

Un “anti-chaleur”

Pour résister à la forte chaleur des régions désertiques, le dromadaire fait des poussées de fièvre ! Il est en effet capable de faire varier la température de son corps de sept degrés au cours de la journée : de 34 °C le matin, celle-ci monte à 41 °C le soir. Ainsi, il ne transpire pas et ne perd pas d'eau. En revanche, dès que l'occasion se présente, il boit énormément pour se réhydrater : jusqu'à 100 l d'eau en un quart d'heure ! En cas de forte chaleur, il se déshydrate et peut perdre jusqu'à un quart de son poids.

Le paradis de la faune sauvage

La savane africaine offre différents visages : prairies herbeuses ou boisées, épais fourrés et forêts-galeries le long des cours d'eau… La vie des animaux y est réglée sur les saisons : après les pluies, la nourriture est abondante et ils se dispersent, alors qu'en saison sèche, ils se rassemblent autour des points d'eau.

Et le dessert !
Tous les herbivores de la savane se rendent dans des endroits bien précis pour y absorber de la terre : on appelle ces lieux "salines". Cette terre riche en sels minéraux et en oligo-éléments leur permet de vivre sans présenter de carences.

Dans les savanes africaines, la présence de tant d'herbivores n'est pas le fruit du hasard : tous dépendent les uns des autres, mais chaque espèce exploite des niveaux de végétation différents. Perchées entre 2 et 6 m, les feuilles d'acacias font le régal des girafes, alors que les gerenuks n'atteignent que les feuilles situées au-dessous. Parfois, un éléphant abat un acacia pour savourer les branches supérieures, plus appétissantes.
Mais, en général, les éléphants consomment toutes les parties des végétaux : herbes, feuilles, fruits, bulbes, racines et écorces. Chacun trouve son bonheur dans les prairies herbeuses… Les zèbres broutent les herbes hautes, ouvrant ainsi les pâturages aux antilopes et aux gazelles qui préfèrent les pousses tendres, plus nutritives, et aux gnous qui les coupent avec leurs dents et les avalent sans les mâcher ! Grâce à leur lèvre supérieure pointue, épaisse et très mobile,

les rhinocéros noirs saisissent les feuilles coriaces et les rameaux garnis d'épines des buissons sans se blesser et les broient avec leurs larges molaires. Plus près du sol, feuilles, fleurs, fruits, bourgeons et pousses des buissons régalent les dik-dik de Kirk. Autour des mares et des rivières, de nombreux oiseaux viennent picorer (aigrettes, hérons, ibis, ombrettes, jabirus, pélicans et aigles pêcheurs). Et, la nuit, les hippopotames quittent leur marigot et fourragent dans les pâturages. Enfin, certaines espèces ont un régime très varié. Les babouins, par exemple, se nourrissent d'herbes, racines, fruits, mais aussi de lézards, sauterelles, scorpions et même de nids d'abeilles qu'ils savourent sans craindre les piqûres. Tout ce petit monde attire inévitablement mangoustes, chats sauvages, lions, guépards, panthères, chacals et lycaons... qui n'attendent qu'un faux pas pour surgir, tandis que vautours et hyènes parcourent la savane à la recherche de cadavres délaissés par les autres.

À tire d'ailes

La savane africaine n'abrite pas seulement des mammifères : les oiseaux y vivent aussi en grand nombre. Leurs régimes variés, leur capacité à se cacher, leur adaptation au vol ou à la course leur permettent de proliférer et d'échapper aux prédateurs.

Le tisserin

Les tisserins sont les plus nombreux de la savane. Difficile à un prédateur de s'approcher d'une colonie car il est tout de suite repéré. Aussitôt, une multitude d'oiseaux s'envole, obligeant le plus souvent le prédateur à abandonner. En revanche, en période de nidification, les singes, les mangoustes et les chats capturent les oisillons. Il existe une soixantaine d'espèces de tisserins, dont le quéléa qui détient le record du plus grand nombre de nids au sein d'une même colonie : plusieurs centaines dans un même arbre !

Le pélican

Ces oiseaux éprouvent le besoin de vivre en colonies. Aussi, pour pêcher, nagent-ils tous de front, battant des ailes pour rabattre les poissons. Ils happent leurs proies en se servant de leur large bec comme d'un filet. Sais-tu que le bec du pélican blanc peut contenir jusqu'à treize litres d'eau ?

Un nid de tisserin gendarme

Chez les tisserins, la construction du nid est réservée au mâle. Sa technique consiste à tenir dans son bec une fibre de feuille de palmier ou un brin d'herbe fraîche qu'il fait passer délicatement entre les tiges déjà tressées. Il bouche les trous avec des morceaux de feuilles. Il bâtit d'abord un anneau vertical accroché à une petite branche. Puis il tisse le toit autour de cette structure, et les parois. Le ventre en l'air et à reculons, il termine par le couloir d'entrée. Dès que le nid est achevé, il y attire une femelle.

La veuve royale

C'est une espèce parasite au même titre que le coucou européen, car la femelle pond toujours ses œufs dans le nid d'un autre oiseau : l'astrild à joues mauves. Détail intéressant, les petits de ces deux espèces se ressemblent comme deux gouttes d'eau (mêmes taches colorées sur le bec, même taille, même cri...) !

La pintade

Elle se repose aux heures les plus chaudes et ne recherche sa nourriture (grains, baies, herbes, insectes...) que lorsque la chaleur a diminué. À la tombée de la nuit, elle se réfugie sur les arbres pour échapper aux prédateurs.

L'autruche

C'est le plus gros oiseau du monde puisqu'un mâle adulte peut atteindre 2,70 m de haut et peser 150 kg. Trop lourde pour voler, l'autruche est une championne de course à pied : elle court à 40 km/h pendant une demi-heure mais, poursuivie par un prédateur, elle fait des pointes à 70 km/h et saute des obstacles d'1,50 m ! Vigilante, l'autruche ne dort jamais plus d'un quart d'heure de suite. Ses yeux perçants, placés à plus de 2 m de haut, repèrent les ennemis de loin : un vrai signal d'alarme pour les zèbres et les antilopes !

Un "papa-poule"

L'autruche mâle s'entoure de trois ou quatre femelles. C'est lui qui creuse le nid de 1 m de diamètre, à 30 cm de profondeur dans le sol. Ses belles viennent y pondre à tour de rôle, sept à huit œufs chacune. Avec un poids d'un kilo et demi, ce sont les plus gros œufs du monde ! La femelle dominante du groupe couve l'ensemble des œufs le jour car son plumage gris-beige est peu visible dans les herbes, et le mâle prend le relais la nuit.

L'ibis sacré

Il aime les abords des rivières, les lacs et les marais. Son bec, très caractéristique, est légèrement courbé vers le bas. L'ibis vole le cou étiré, en ligne ou en V. Dans l'Antiquité, en Égypte, il était vénéré comme un dieu.

Le flamant rose

Il forme d'importantes colonies de parfois plus de deux millions d'individus. Pour trouver sa nourriture, il plonge son bec dans l'eau, de telle sorte que la mandibule supérieure touche le fond. En promenant son bec d'un côté et de l'autre, il aspire un mélange d'eau et de vase, et filtre les algues et les organismes microscopiques.

Sur la piste des éléphants

Tu les as sûrement déjà vus, marchant en file indienne, balançant d'un côté et de l'autre leur silhouette imposante… Infatigables, les éléphants parcourent la savane à la recherche de points d'eau et de pâturages. Il faut dire qu'ils ont un solide appétit ! Ils avalent jusqu'à deux cents kilos de végétaux par jour, autant qu'un troupeau de douze vaches !

Toujours en mouvement, l'éléphant se déplace à 7 km/h et, en cas de danger, il charge à 40 km/h.

Géant du monde terrestre, l'éléphant pèse de 4 à 6 tonnes (3 à 5 pour la femelle), l'équivalent de six voitures. Il mesure près de 7 m de long, et de 3 à 4 m de haut. Son cousin d'Asie est plus petit : 2,5 à 3 m et moins de 5 tonnes.

Des atouts particuliers

L'éléphant a une curieuse dentition : seule une énorme molaire pousse sur chacune de ses demi-mâchoires ; heureusement, elle est remplacée six fois au cours de sa vie. La sixième ne pèse pas moins de 4 kg ! Lorsqu'elle est usée, l'éléphant ne peut plus manger et meurt d'épuisement. Les incisives de sa mâchoire supérieure sont en fait ses défenses. Elles pèsent entre 20 et 40 kg chez le mâle (une dizaine pour la femelle). Et ça ne s'arrête pas là ! Son nez et sa lèvre supérieure se sont allongés en une trompe. Puissante, celle-ci arrache facilement un tronc ; délicate, elle saisit un objet aussi petit qu'une cacahuète. Enfin, l'éléphant a des oreilles immenses très utiles par temps chaud pour se ventiler.

À cause de l'ivoire

Autrefois, on rencontrait des éléphants arborant des défenses de 3,50 m pesant jusqu'à 130 kg ! Constituées d'ivoire, une matière exceptionnelle par sa délicatesse et sa dureté, les défenses ont causé la perte des géants de la savane car elles se monnaient fort cher.... Estimés à quatre millions au début du XXe siècle, il reste aujourd'hui moins de 500 000 éléphants qui risquent de disparaître puisque certains pays d'Afrique autorisent toujours le commerce de l'ivoire !

Un éléphant passe plus de quinze heures par jour à manger des végétaux et de la terre... il boit quatre-vingts litres d'eau, jusqu'à cent en période de sécheresse.

Aux ordres de "grand-mère"

Une famille se compose d'une matriarche, la femelle la plus âgée, de ses filles, de ses sœurs et de leurs éléphanteaux. Vers l'âge de douze ans, les mâles quittent la troupe pour rejoindre une bande de célibataires. Dans la horde de femelles, la matriarche guide et dirige la vie sociale. C'est sur son ordre que la colonne se met en route et c'est elle qui en prend la tête. Elle connaît les chemins qu'il faut emprunter, les zones à éviter, les lits des rivières asséchées où, en creusant, on trouvera l'eau… Elle tient tous ces secrets de sa grand-mère et elle-même les transmet à ses enfants...

Un mythe ?

On prétend que, sentant sa mort proche, un vieil éléphant rejoint un endroit secret où reposent depuis toujours les restes de ses ancêtres. Des chasseurs d'ivoire ont cherché en vain ces lieux légendaires. En fait, ils n'existent pas ! Les ossements sont éparpillés dans la brousse. On explique la présence d'ossuaires par des massacres de troupeaux, la mort d'un clan entier à cause de la sécheresse ou des sables mouvants…

L'éléphant d'Asie est plus rond que celui d'Afrique. Il a des oreilles moins larges, un front bombé et une seule lèvre à sa trompe. Enfin, la femelle n'a pas de défenses.

Ça trompe énormément !

Avec plusieurs milliers de muscles et sans un seul os, rien d'étonnant à ce que la trompe de l'éléphant s'allonge, s'enroule et se tourne dans tous les sens ! C'est l'outil idéal pour :

- cueillir les fruits et les feuilles
- respirer, même sous l'eau (comme avec un tuba)
- boire (comme avec une paille)
- s'asperger de boue ou de poussière
- lancer des cailloux sur ses ennemis
- et s'accrocher à la queue de sa maman !

Un enfant choyé

Moment important : la tétée. S'il n'est pas assez grand pour saisir les mamelles, l'éléphante soulève son petit avec la trompe !

Tous les quatre ans environ, l'éléphante donne naissance à un petit qu'elle a porté 22 mois. Débrouillard, le nouveau-né (déjà 100 kg pour 90 cm !) se tient debout en quelques minutes et marche dans l'heure. Jusqu'à trois ou quatre ans, il tète sa mère et goûte aux bouillies d'herbes qu'elle lui prépare. En vieillissant, l'éléphanteau devient très joueur : il tire la trompe de ses copains, chahute dans l'eau, se vautre dans la boue. Élevé avec tendresse, chouchouté, il se fait tout de même gronder à la moindre bêtise par sa mère, ses marraines et ses tantes ! Car l'éducation est l'affaire de toutes et il y en a toujours une pour surveiller le rejeton !

Des troupeaux à perte de vue

Antilopes, gazelles, rhinocéros, phacochères, buffles… plus de soixante espèces de grands mammifères herbivores arpentent les vastes étendues herbeuses. Même si tout paraît calme et tranquille, le danger n'est jamais loin : lions, panthères, guépards, lycaons et charognards, comme les vautours et les hyènes, guettent leur moindre faux pas…

Les herbivores de la savane sont mieux adaptés à leur milieu que les bovins domestiques ou les zébus qui ne prélèvent qu'un tiers des plantes disponibles. Alors que les zébus piétinent les pâturages aux abords des mares, car ils restent près des points d'eau, et que les bovins domestiques tondent entièrement l'herbe, les espèces sauvages choisissent soigneusement les pousses au meilleur stade de croissance. De plus, elles résistent davantage à la chaleur, à la soif et aux maladies que les espèces domestiquées.

Le bubale
Le troupeau, toujours dirigé par un mâle, comprend une trentaine d'individus. Mais il arrive que les bubales se rassemblent en groupe de plusieurs centaines de têtes ! Le bubale préfère manger l'herbe plutôt que de cueillir des feuilles. Malchanceux, il est la proie préférée des lions…

L'élan de Derby
Ses 1,75 m et ses 950 kg lui valent le record de taille des antilopes. On ne le rencontre que dans les zones où pousse "l'arbre à Élan" dont les feuilles font son régal. Il est excessivement timide.

L'hippotrague, ou antilope cheval
Comme son surnom l'indique, il a la taille d'un cheval. Il vit en groupe de trois à quinze individus, généralement un mâle adulte accompagné de plusieurs femelles et de leurs petits. Il a la réputation d'être bagarreur et ce dès son plus jeune âge.

Des élevages d'antilopes !

Profitant des capacités de résistance qu'offrent les antilopes, les hommes ont créé des ranches de gibier sauvage où elles sont laissées en liberté, choisies et prélevées pour nourrir les populations africaines sans mettre en danger l'équilibre de la faune sauvage.

L'ourebi

Cette gracieuse antilope, de 9 à 20 kg, mène une vie sédentaire, en couple. En état d'alerte, elle pousse un sifflement aigu ponctué d'un éternuement, et saute en raidissant ses quatre pattes.

Le cobe Defassa

Il passe sa vie près des points d'eau. Son pelage, dense et enduit d'un suint poisseux qui le rend imperméable, lui permet de paître même dans les zones inondées. Il est aussi grand qu'un cerf et pèse jusqu'à 270 kg. Malgré sa taille imposante, il est plutôt peureux et a tendance à se cacher le jour.

Le zèbre

Avec ses jambes longues et musclées, munies d'un sabot solide, il est adapté aux grands espaces. Il peut parcourir des centaines de kilomètres à la recherche de son repas et galoper à 60 km/h sur de courtes distances. Ses sabots sont une arme efficace pour se défendre des prédateurs et de ses congénères.

La gazelle de Thomson

Habitante des savanes d'Afrique de l'Est, elle côtoie souvent des troupeaux de gazelles de Grant et d'impalas. Les femelles et leurs jeunes forment des groupes de 5 à 50 têtes. Quant aux mâles adultes, pour marquer leur territoire, ils urinent à divers endroits, déposent leurs crottes sur de petits monticules et abandonnent des "larmes" (qui s'écoulent d'une glande située au coin de l'œil) sur les herbes.

Famille, je vous aime

Chez les zèbres, la famille se compose d'un mâle adulte, l'étalon, d'une ou plusieurs femelles, les juments, et de leurs poulains dépendants jusqu'à l'âge de deux ans. Les membres du groupe restent ensemble jusqu'à leur mort. L'étalon défend ses juments contre les autres mâles. Devenu trop vieux pour diriger le clan, il est remplacé par un zèbre plus jeune et rejoint le groupe des mâles âgés. Les individus d'un même clan aiment se toiletter mutuellement : ils se mordillent gentiment l'encolure ou la croupe en signe d'amitié.

Le gnou
Cette grande antilope, aux formes lourdes, ressemble à un bœuf de 250 kg. Elle vit en vastes troupeaux, principalement dans des réserves au Kenya et en Tanzanie, notamment dans le parc national du Serengeti. Chaque année, des milliers de gnous entreprennent de longues migrations, à la recherche de pâturages plus humides. La colonne, interminable, poursuit sa marche inexorable et martèle le sol sur plus de 1 600 km. La traversée des rivières est une véritable hécatombe : sur les berges, les bêtes s'affolent et tombent dans l'eau, poussées par les autres. Beaucoup sont alors piétinées ou noyées, pour le régal des crocodiles, vautours, lions, panthères, lycaons et hyènes...

Les filles d'un côté, les garçons de l'autre !

Un troupeau de buffles compte trente à soixante individus. Lors de grands rassemblements, il peut atteindre plusieurs centaines de têtes. Au centre se postent les femelles accompagnées de leurs bufflons, et les dominantes se placent à l'avant ou sur les côtés pour protéger le groupe. Les taureaux adultes vivent souvent en petits clans de cinq à dix individus et suivent les femelles. Devenus vieux, ils s'isolent du troupeau et s'installent sur un territoire précis.

Le buffle
C'est un animal imposant puisque le buffle du Cap atteint 800 kg. Ses cornes sont caractéristiques : étuis cornés insérés sur une cheville osseuse, elles atteignent leur taille définitive en quatre ou cinq ans. Chez le mâle, deux bosses cornées apparaissent à la base des cornes ; peu à peu, elles se rejoignent pour former un véritable casque sur tout le front. Ce sont des armes redoutables lors des combats. Il existe un buffle nain qui vit dans les forêts, en troupeau de trois à dix individus : il pèse tout de même quelque 300 kg !

L'hippopotame
On le surnomme "le cheval du fleuve" tant il aime à se prélasser dans les mares, à flâner le long des berges sableuses ou boueuses, en quête de pâturages à brouter. La journée, il se rafraîchit dans l'eau, ne laissant dépasser que ses yeux, ses oreilles et ses narines. Parfois, il se dégourdit les pattes en marchant sur le fond. Son petit naît et tète sous l'eau en maintenant ses narines fermées, tandis que la mère reste couchée sur le flanc. Deux fois par minute, à bout de souffle, il remonte prendre un bol d'air à la surface ! Il pèse déjà entre 30 et 50 kg.

Le rhinocéros noir
Les rhinocéros vivent sur la terre depuis 54 millions d'années. Plutôt solitaire, le rhinocéros noir exploite toujours le même territoire pourvu d'un point d'eau, qu'il accepte de partager avec d'autres espèces animales. Grâce à sa lèvre supérieure, pointue et mobile, il saisit les branches épineuses des buissons d'acacia délaissées par les autres.

Le rhinocéros blanc
Après l'éléphant, c'est le plus grand mammifère terrestre, puisqu'il dépasse parfois trois tonnes. Seules sa bouche droite et large, qui lui permet de brouter, et sa corne avant plus longue le différencient du rhinocéros noir. Car, malgré son nom, le rhinocéros blanc est noir !

Plus cher que le caviar

La corne du rhinocéros est constituée de kératine comme les poils, les ongles ou les sabots. Brisée lors d'un accident, elle peut repousser. En Asie, on lui attribue à tort un pouvoir protecteur et des propriétés médicales. Le kilo de poudre de corne se vend plusieurs milliers de dollars. C'est pourquoi le rhinocéros, chassé de façon intensive, est menacé de disparition.

Le phacochère
Ce porc sauvage se reconnaît à sa longue crinière, à son museau très large, orné de chaque côté de trois verrues, et à ses canines supérieures (appelées aussi défenses) très recourbées. Il court, la queue dressée, jusqu'à 55 km/h.

Un animal démesuré

La girafe est supérieure en taille à tous les animaux du monde. Du haut de ses cinq mètres, elle repère un lion à 2 km de distance ! Cette démesure n'est pourtant pas un handicap : la girafe peut courir à vive allure (56 km/h) durant quelques minutes et distancer un cheval au galop. Les Arabes l'ont tout naturellement surnommée *Xirapha*, “celle qui a le pied léger”.

Un cousin forestier

L'okapi habite les forêts équatoriales du Zaïre. Il appartient à la même famille que la girafe. Comme elle, il est végétarien et ruminant. Solitaire et timide, il détale à la moindre alerte et préfère sortir la nuit. Ce caractère discret et craintif explique que l'okapi n'ait été découvert qu'en 1897 par un employé de l'administration belge au Congo.

Un cœur gros comme ça !

Le cœur de la girafe est une pompe puissante de 12 kg, capable de propulser le sang dans un corps qui dépasse souvent la tonne. Pour que le cerveau soit toujours irrigué malgré sa hauteur, l'animal possède un réseau de petits vaisseaux sanguins aux parois élastiques qui retiennent le sang. De même, pour éviter que le cerveau soit inondé quand elle baisse la tête, ces vaisseaux dérivent une partie du sang.

Des mètres et des mètres

Stupéfiante girafe… Les mâles atteignent 5,80 m et les femelles plus de 4 m, cornes comprises.

Ce gigantisme est dû à leurs pattes démesurées de 2 m et à leur immense cou de près de 3 m. Elles possèdent pourtant le même nombre de vertèbres cervicales qu'une souris, c'est-à-dire sept, mais chacune mesure 40 cm ! À elles seules, ces vertèbres représentent la moitié de la longueur totale de sa colonne vertébrale. De même, leurs cornes, sorte d'expansions osseuses recouvertes de poils, peuvent atteindre 25 cm de long. Certains mâles en ont deux autres à l'arrière des premières et une autre sur le chanfrein. On peut donc rencontrer des girafes à 2, 4 ou 5 cornes !

Plus c'est haut, plus c'est facile !

Certes, ce cou immense est gênant pour attraper l'herbe ! La girafe préfère donc brouter les feuilles tendres des acacias ou déguster des écorces, des fruits et même de jeunes épines. Sa langue noire et gluante (de 50 cm !) se faufile entre les épines pointues des acacias pour atteindre les pousses les plus savoureuses. Très souple, elle se creuse en gouttière, puis s'enroule autour des rameaux pour les ramener dans la bouche.

Coups de cou

Loin d'être aussi pacifiques qu'ils ne paraissent, les mâles girafes s'affrontent toute l'année. Flanc contre flanc, placés dans le même sens ou tête-bêche, pattes écartées, les deux adversaires remuent leur tête de façon rythmique, incurvent leur cou et les cognent avec fracas. Cette technique de lutte est couramment appelée *necking*. Le bruit du choc peut s'entendre à plusieurs centaines de mètres ! Le combat s'achève lorsque le perdant prend la fuite.

Une croissance à grande vitesse

La girafe porte son petit durant quinze mois. À sa naissance, le girafon fait une chute de deux mètres ; pourtant, dans la demi-heure qui suit, il se met déjà debout. Il mesure près de 2 m, pèse de 50 à 70 kg et possède des cornes cartilagineuses rabattues sur le côté. Le premier mois, il grandit de 23 cm par semaine, puis sa croissance se ralentit. À la fin de sa première année, sa hauteur a augmenté de 1,50 m, surtout au niveau du cou !

Une histoire de robe

Girafe de Nubie : larges plages foncées aux dessins géométriques.

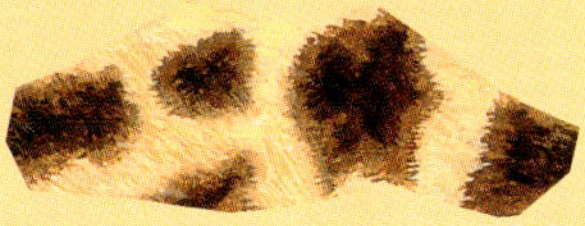

Girafe de Baringo : taches noires avec une forme étoilée au centre.

Girafe du Kenya : taches irrégulières et foncées aux contours très découpés.

Girafe du Sud : taches foncées aux contours nets.

Un festival de couleurs

Pelage blanc, gris cendré, vert olive ou fauve… Face rose pâle, blanche ou noire… Crinière très développée, longs favoris, touffe rougeâtre sur les joues, tache sur le nez… Fesses rouges, grises ou rose vif… Les singes de la savane nous en font voir de toutes les formes et de toutes les couleurs.

Les babouins
Très répandus dans la savane, ils forment de vastes communautés, divisées en petits groupes où le nombre de mâles dépend de l'abondance de nourriture. Ces singes terrestres consacrent matinée et fin de journée à cueillir des herbes tendres, à déterrer des bulbes et des racines ; à l'occasion, ils s'offrent un lézard, une sauterelle, un oiseau ou encore une petite gazelle. Leur passe-temps favori est la séance d'épouillage. L'épouilleur attrape avec ses doigts les saletés du poil et, d'un coup de mâchoire net et précis, écrase les insectes découverts dans la toison. Ce rituel renforce la cohésion des membres du clan. Les babouins ont pour réputation d'être bagarreurs : mieux vaut ne pas s'en approcher car leurs puissantes canines infligent de cruelles morsures !

Babouin contre panthère

Si une troupe de babouins est attaquée par une panthère, le chef fait face à l'ennemi, au sacrifice de sa vie si nécessaire. Pas folle, la panthère préfère s'attaquer à un jeune babouin isolé.

Le babouin jaune, ou papion
Seule une petite élite de mâles domine tous les membres de la troupe. Elle s'accapare la meilleure nourriture et les perchoirs les plus confortables. Quant aux femelles trop jeunes pour se reproduire, elles sont exclues du groupe et restent en marge.

Le gélada d'Éthiopie
Il déjeune assis, en chantonnant et en émettant des gargouillements rythmés par des rots. Ventriloque, il parle sans remuer les lèvres d'une voix aiguë, proche de la nôtre ! Le chef du groupe porte une cape de poils clairs et un grand sablier de chair nue sur sa poitrine.

Le singe rouge, ou patas

Son corps, mince et élancé, et ses membres longs aux doigts raccourcis sont très adaptés à la vie au sol. La femelle dominante a la charge de mener la troupe, le mâle le rôle de sentinelle. Pour scruter par-dessus les herbes, le patas prend appui sur sa queue ! En cas de danger, il attire l'attention de son ennemi, ce qui laisse le temps à ses belles de se cacher. On le surnomme "le lévrier des singes" car il court à 55 km/h.

Les singes verts

Contrairement aux autres espèces de cercopithèques qui aiment les forêts humides, les singes verts (vervet, grivet) préfèrent la savane arborée et les lisières de forêts. Là, ils trouvent les fruits et les insectes dont ils se régalent. Ils ne s'aventurent dans les zones découvertes que pour se nourrir de pousses, de racines et de graines, qu'ils reconnaissent dès leur plus jeune âge. Leurs membres sont très efficaces pour se déplacer et leur longue queue très utile comme balancier.

Vervet

Grivet

Patas

Drill

Colocataires !

Serais-tu prêt à partager ta chambre avec tous tes copains ? Certains babouins y sont forcés. Dès que la nuit tombe, ils ont pour habitude de se réfugier sur une falaise, à l'abri des redoutables panthères. Hélas, comme les rochers sont plutôt rares dans la savane, plusieurs centaines d'individus dorment parfois sur le même !

L'hamadryas

Ce babouin habite les régions sèches et rocheuses au nord-est de l'Afrique et en Arabie. Le dominant est un vrai tyran ! Il impose à ses femelles une éducation stricte et leur défend de regarder les mâles. Pour les intimider, il crie et leur mord la nuque ! Entre eux, les mâles ne sont pas tendres non plus : regards appuyés, bâillements agacés ou exhibition de leurs canines sont le lot quotidien.

Chasseurs et charognards

Dans la savane, lion, guépard, lycaon, chacal, rapaces… ne sont pas en compétition. Aucun n'est le plus fort ! Les rôles sont partagés en fonction du mode de vie et des performances physiques de chacun. Au chasseur de traquer son gibier… au charognard de finir les restes.

Contrairement aux autres félins qui chassent à l'affût, le **guépard** attaque de jour et en terrain découvert. Tapi dans les herbes, il s'approche doucement de sa victime. Au moment opportun, il fonce sur elle. Car le guépard est le champion du monde des sprinters. En quelques secondes de course, il atteint 72 km/h, avec des pointes à 115 km/h.

Les **lionnes** élaborent des stratégies efficaces. Elles avancent toutes de front, ne laissant aucune chance de fuite à leur victime. Une autre tactique consiste à rabattre la proie vers une autre lionne, cachée dans les herbes hautes. Il ne reste plus qu'à projeter violemment au sol la malchanceuse pour la saisir à la gorge.

Pendant la journée, le **léopard** (appelé aussi panthère) aime se reposer, affalé dans un arbre. C'est la nuit qu'il chasse, toujours en solitaire. Sa technique favorite consiste à sauter sur sa cible du haut de son perchoir et à lui briser le cou. Il a un faible pour les babouins, mais se contente en général de petites proies : mangoustes, serpents, lézards…

Chez les **lycaons**, l'union fait la force. Un groupe talonne la proie tandis qu'un deuxième suit à quelques mètres. Dès que les poursuivants perdent du terrain, les autres prennent la relève. Ce travail d'équipe permet aux lycaons de terrasser des animaux de bonne taille, comme des antilopes, alors qu'ils ne sont pas plus gros qu'un chien !

Une mâchoire puissante et un estomac à toute épreuve permettent aux **hyènes** de digérer les charognes, os et déchets compris. À l'occasion, elles deviennent de redoutables chasseresses : à une dizaine, elles encerclent un gnou ou un zèbre, le harcèlent de morsures jusqu'à ce qu'il s'effondre, terrassé.

Le **serpentaire** préfère chasser les animaux au sol. Il avance en tapant du pied pour effrayer les petits rongeurs et les attrape ensuite avec son bec. Pour capturer un serpent venimeux, il court en zigzagant et évite les morsures en s'esquivant par de légers battements d'ailes. Il finit par saisir le malchanceux derrière la tête avec ses longues pattes.

Le rire qui tue !

Ce rire fou, le cri le plus impressionnant jamais poussé par une hyène, appartient à l'espèce tachetée, surnommée à juste titre "la hyène rieuse". À la saison des amours, avant de partir à la chasse, d'attaquer ou encore de se défendre, elle pousse ce puissant ricanement, audible à plus d'un kilomètre.

Grâce à leurs vastes ailes, les **vautours** tournoient des heures, portés par les courants chauds qui s'élèvent du sol. Ils cherchent un cadavre ou les restes d'un grand herbivore qu'ils pourront terminer. Les vautours sont des nécrophages : leur régime alimentaire est principalement composé de viandes mortes et de divers détritus.

Sa petite taille oblige le **percnoptère** d'Égypte à attendre son tour et à finir les miettes. Ce vautour est réputé pour sa manière imparable de casser les œufs d'autruche en faisant tomber une pierre sur leur coquille !

Les **chacals** se nourrissent surtout des cadavres abandonnés par les fauves. Quand il leur arrive de chasser, ces carnassiers affaiblissent leur proie en lui coupant constamment la route. Au passage, ils en profitent pour la mordre au ventre et au cou.

À la table des vautours

En fonction de la taille de leur bec, les vautours consomment une partie précise du cadavre. Le vautour à dos blanc et le vautour de Rüppel, au bec assez long, à la langue râpeuse et au long cou souple, attaquent les chairs tendres et les intestins. Le vautour oricou et le vautour à tête blanche déchirent la peau et sectionnent les tendons de leurs becs puissants. Avec son bec mince, le percnoptère se contente de curer les os !

Dos blanc — Rüppel — Oricou — Tête blanche — Percnoptère

Sa majesté le roi

À la tombée de la nuit, la savane résonne des puissants rugissements du lion, audibles à 9 km à la ronde ! Ils sont destinés à avertir les autres animaux de sa royale présence.

S'il est des animaux qui de tout temps ont impressionné les hommes, le lion est de ceux-là. Figure du dieu égyptien Aker, héros de nombreux contes africains, emblème de l'Empire perse… Il est depuis toujours symbole de pouvoir, de puissance et de gloire.

Un roi fainéant

On le surnomme couramment le "maître de la savane". Pourtant, le lion passe la majeure partie de ses journées à… ne rien faire ! Il se repose à l'ombre d'un acacia et surveille de temps en temps son territoire. Tranquille, il laisse aux lionnes le soin de nourrir la famille et attend patiemment qu'elles aient "préparé" le repas… Une fois la proie tuée, c'est tout de même monsieur qui se sert le premier ! Quand il est repu, les membres du groupe se disputent autour de la dépouille, viennent ensuite les jeunes et, pour finir, les lionceaux. Le lion ne daigne chasser que tiraillé par la faim. En période de sécheresse, il lui arrive même de voler une carcasse aux hyènes, plutôt que de débusquer lui-même son déjeuner.

Le gnou, le zèbre, le bubale et le phacochère sont les mets de prédilection du lion. Lors des migrations des grands herbivores, les félins se rabattent sur les petits rongeurs, oiseaux ou serpents. Pour être rassasié, un lion a besoin de 7 kg de viande par jour.

La crinière

Le lion est le seul félin qui possède une crinière. Apanage du mâle, elle commence à pousser vers l'âge de deux ans. À cinq ans, le mâle porte des poils de 24 cm. Plus ou moins longue selon les individus et plus ou moins abondante selon la région d'origine du fauve, la crinière amortit les coups de pattes de l'adversaire lors des combats.

Les lions "mangeurs d'hommes"

À la fin du XIXe siècle, deux lions dévorèrent trente-huit cheminots qui construisaient la ligne de chemin de fer entre l'Ouganda et le Kenya ! Un félin peut, en effet, attaquer l'homme – proie facile pour lui – lorsqu'il n'a plus peur de sa présence, ou qu'il n'a plus de gibier à se mettre sous la dent. Il suffit qu'il ait goûté une seule fois à un cadavre humain pour y prendre goût.

Une cour et un royaume

Contrairement aux autres félins, quelques lions adultes, souvent frères ou cousins, une douzaine de lionnes, parentes elles aussi, et leurs lionceaux se partagent un même territoire et forment une famille. Leur terrain de chasse couvre entre 20 et 400 km^2, en fonction du nombre de proies. Pour rester maîtres des lieux, les lions dominants doivent repousser les attaques des jeunes mâles qui convoitent leur fief et leurs dames. Ces affrontements occasionnent peu de blessures graves, car le lion le plus faible déclare vite forfait. Dans une même famille, les lions se disputent rarement pour les femelles : le premier arrivé éloigne les autres de sa seule présence.

Une descendance

Le couple s'isole ensuite pour s'accoupler. Après quatorze semaines de gestation, deux à quatre lionceaux naîtront dans un abri rocheux, à l'écart du groupe.

De la taille d'un chat et couverts de taches brunes, les petits sont soignés indifféremment par leur maman et leurs tantes ! À trois mois et demi, ils les suivent et observent leur façon de pister et de traquer le gibier. Les lionceaux ne sauront chasser seuls qu'à deux ans. Leur plus grand ennemi est… le lion ! En effet, il n'est pas rare qu'un mâle adulte s'en prenne aux petits d'un autre clan. Les hyènes aussi présentent une réelle menace pour eux. Moins de la moitié des lionceaux atteindra l'âge adulte.

Un lion adulte pèse en moyenne 200 kg pour 1 m de hauteur. La femelle est plus petite et plus élancée. Leur espérance de vie est d'une trentaine d'années.

Des millions et des millions d'insectes

À première vue, il ne se passe rien dans l'ombre de l'immense voûte végétale des forêts africaines. Pourtant, si tu écoutes attentivement, tu es cerné de mille bruits et, si tu observes patiemment, tu surprendras une colonie de fourmis, ou encore une mante vorace terminant son repas… Tu as mis à jour un monde invisible et silencieux, le peuple des insectes.

Sur le sol

En y regardant à deux fois, tu découvriras d'immenses colonies de fourmis qui s'activent dans l'enchevêtrement des branches. Les plus répandues sont les fourmis magnans (ou fourmis légionnaires). Ces nomades déménagent leur nid toutes les semaines, transportant leurs œufs et leurs larves sous leur abdomen et tractant leur énorme reine de 5 cm ! Aucun obstacle ne les arrête. Pour traverser une flaque, les magnans s'entassent et forment un pont vivant ; pour franchir une rivière, elles empruntent les troncs échoués en travers des cours d'eau. Sur leur passage, ces voraces dévorent de nombreux insectes et s'attaquent aux reptiles, petits mammifères et serpents ! Elles sont réputés pour leur tempérament guerrier et leur organisation sociale parfaite où chacun a un rôle déterminé.

De curieuses bêbêtes

Une autre fourmi, pas plus grosse qu'une tête d'épingle, a envahi une bonne partie de la planète et on la trouve aujourd'hui au Congo et au Gabon. Cette "micro-fourmi", originaire d'Amérique, se reproduit très vite : chaque nid compte huit à dix reines qui produisent chacune des milliers d'œufs. Un vrai fléau ! On la surnomme "fourmi électrique", car elle pique à la manière des guêpes avec un aiguillon.
Un scarabée, le bousier, vole au crépuscule à la recherche d'une… crotte ! Lorsqu'il a repéré l'excrément, il le roule en boule, le range dans son terrier et pond ses œufs à l'intérieur.
Une fois formées, les larves se nourrissent de cette succulente bouse.

L'armée des fourmis

Les magnans sont de véritables guerrières : elles progressent en colonne, en éventail ou en phalange. Leur communication est sans faille : elles attaquent toutes ensemble, comme s'il s'agissait d'un seul être équipé de millions de mandibules et d'aiguillons. Elles forment la plus redoutable des armes et tuent des proies jusqu'à cent fois plus grosse qu'elles.

Sur les herbes

En imitant les fleurs exotiques avec ses pattes ravisseuses, la diabolique mante religieuse attire les papillons. Elle capture ses proies en déployant brusquement ses pattes avant.
Une des mantes africaines les plus curieuses utilise ses dessins en forme d'œil pour décourager ses ennemis.

Les envahisseurs

Il arrive que des nuages de criquets, comprenant plusieurs millions d'individus, envahissent certaines régions d'Afrique, dévastant en quelques heures toutes les cultures. Leur comportement change lorsqu'ils se retrouvent entre congénères : d'inoffensifs, ils deviennent de méchants destructeurs.

Dans les arbres

Plus difficile de débusquer les insectes dans les arbres… d'autant qu'ils ont une fâcheuse tendance à se camoufler.
Le roi du déguisement, le papillon feuille, a des ailes qui imitent à la perfection la forme, la couleur et les nervures des feuilles sèches. Ses ailes s'ornent même de déchirures, de marques de champignon et de taches de rouille !
Un autre papillon, la noctuelle, passe ses journées sur l'écorce d'un arbre de couleur semblable.
À la moindre alerte, il s'envole laissant apparaître ses ailes postérieures d'un rose très vif.
L'effet de stupeur chez ses ennemis est assuré ! La chenille du sphinx, quant à elle, se pare de couleurs vives pour faire croire qu'elle est immangeable. Pour être encore plus repoussante, elle gonfle sa tête et remue dans tous les sens.
Du coup, les oiseaux la prennent pour un dangereux serpent !

Porteurs de maladies

En Afrique, mieux vaut rester vigilant. Même microscopique, un animal peut causer bien des ennuis. Ainsi, en une seule piqûre, certains moustiques (les anophèles) sont capables d'inoculer des maladies graves comme le paludisme.
Cette affection, qui occasionne de fortes fièvres chez l'homme, est aujourd'hui soignée.
Les mouches tsé-tsé transmettent des parasites aux êtres vivants, lesquels provoquent fièvre, troubles nerveux et amaigrissement : c'est la maladie du sommeil.

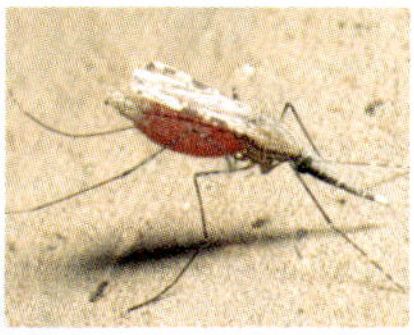

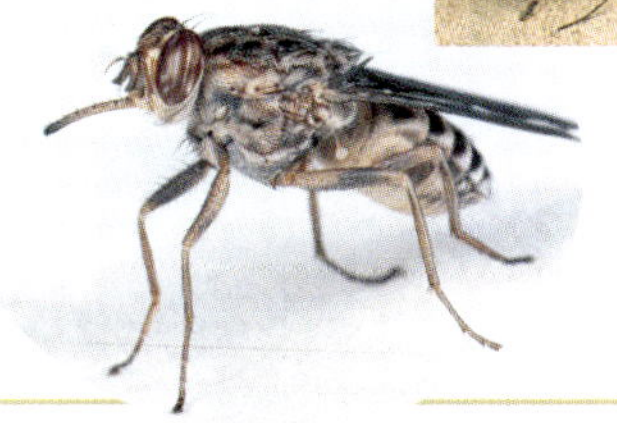

Des bâtisseurs dans la brousse

Dans la savane africaine, de curieuses constructions abritent un peuple d'insectes plus étrange encore : les termites. Bien à l'abri dans leur termitière, des milliers d'individus s'affairent dans tous les sens. C'est un vrai immeuble où chacun a ses appartements et ses fonctions !

Tout un réseau de galeries ① et de cheminées permet à l'air de circuler dans la termitière et s'enfonce profondément dans le sol pour y puiser l'eau. Au centre se trouvent les loges ②. Les plus petites autour sont réservées aux œufs et aux larves. D'autres servent de garde-manger ou même de jardins potagers !Dans une des plus grandes loges centrales vit le seul couple qui a le droit de se reproduire : le roi et sa reine, monstrueuse et si lourde qu'elle peut à peine se déplacer ! ③ Au fur et à mesure de la ponte, les œufs sont récupérés par des ouvriers et acheminés dans des loges spéciales : les nurseries. Bientôt, une larve toute blanche en sortira. Après plusieurs mues, elle deviendra ouvrier ou soldat. Attention à l'oryctérope ! La nuit, il se gave de termites : il éventre la termitière d'un seul coup de griffes. Sa peau coriace résiste aux morsures des soldats. Cousin de la hyène, le protèle a des dents trop petites pour s'attaquer aux gros animaux. Alors, il happe les cohortes d'ouvriers qui s'échappent des orifices, sans tenir compte des soldats qui l'attaquent furieusement !

À chacun sa fonction

Un termite mesure de 2 mm à 2 cm de long. Il est dépourvu d'yeux et possède un corps mou recouvert d'une fine carapace, blanche ou marron.

④ Durant sa vie, la reine pond vingt millions d'œufs ! À mesure que la colonie s'agrandit, son abdomen se dilate de 10 à 12 cm : une grosse reine est capable de pondre un œuf toutes les deux secondes pendant quinze ans !

Palaces pour termites

Les termitières sont érigées vers le ciel, accrochées aux branches d'arbre ou creusées sous la terre. Les plus grosses mesurent 6 m de haut et plusieurs mètres de diamètre. Toutes ont des murs épais, qui protègent les insectes de l'ardeur du soleil et de la pluie.

⑤ Son époux, minuscule à côté d'elle, s'accouple de temps en temps avec elle pour féconder les œufs.

⑥ Les ouvriers récoltent le bois, les feuilles, la terre et l'humus et régurgitent ces aliments mélangés à la salive pour nourrir les soldats, les larves, le roi et la reine. Certains rejettent des boulettes de végétaux non-digérés et les entassent pour y cultiver des champignons. Ces champignons, en se développant, vont continuer le pourrissement de cette matière végétale qui sera de nouveau absorbée par les ouvriers.

⑦ Les soldats, aveugles, ont une grosse tête aux puissantes mandibules prévues pour mordre. Ils défendent la termitière contre les prédateurs et escortent les ouvriers pendant leurs sorties. Chez certaines espèces, les soldats ont une glande sur le front qui projette à plusieurs centimètres un liquide toxique !

Chaque année, au début de la saison des pluies, apparaissent de jeunes termites ailés : les imagos. Une fois les couples formés, ils arrachent leurs ailes,s'accouplent et cherchent un endroit propice pour fonder une nouvelle colonie.

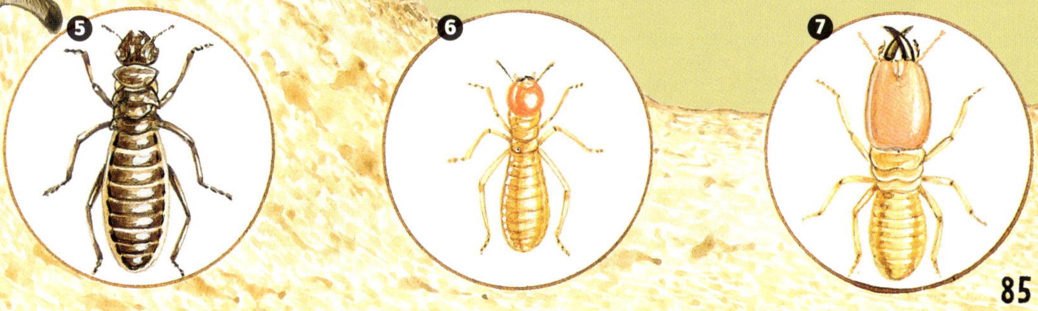

Les trapézistes des forêts d'Afrique

Les forêts tropicales d'Afrique abritent plus de trente espèces de singes qui occupent tous les niveaux, du sol jusqu'aux cimes des arbres. Leurs territoires se superposent : tout d'abord les chimpanzés, puis les colobes, les cercopithèques, les cercocèbes, les drills et les mandrills. À chacun son étage !

Le chimpanzé
Avec le gorille, le chimpanzé est l'animal qui ressemble le plus à l'homme (*voir p. 133*) : il se tient debout, vit en société et communique avec ses semblables. Pour entretenir des liens d'amitié, il passe de longs moments à épouiller ses voisins : il les débarrasse de leurs parasites et vice-versa. C'est aussi le plus habile dans l'utilisation des outils : pour casser une noix, il la pose sur une surface dure et, avec un morceau de bois ou une pierre, brise la coque ; quand il a soif, il se sert d'une large feuille comme d'une cuillère... Il fabrique aussi des pièges à fourmis ou à termites imparables : il ôte les feuilles d'une branche fine, l'introduit avec précaution dans la fourmilière et la fait ensuite glisser entre ses lèvres ou ses doigts, pour récupérer les insectes et les avaler ! Chaque soir, il construit son nid dans un arbre à plus de six mètres de haut en aménageant un confortable matelas de branchages et de feuilles. En dix minutes, son lit est prêt !

Le chimpanzé nain, ou bonobo
Il n'est pas plus petit que son cousin mais plus svelte. Rare dans la nature, il vit dans la grande forêt dense à l'ouest du Zaïre.

Un surdoué ?
L'intelligence des chimpanzés a fait l'objet de nombreuses recherches. Des scientifiques ont étudié notamment leurs capacités de communication : certains sujets ont appris le langage par signes des sourds-muets et, un autre, à s'exprimer en appuyant sur les touches d'un clavier portant des symboles différents. Ces expériences ont montré que les chimpanzés peuvent tenir de véritables conversations !

Singeries…

Le chimpanzé communique avec les autres grâce à un langage compliqué. Il n'utilise pas la parole, mais plutôt des postures et des mimiques qu'il accompagne de gémissements, de grognements, de sifflements… au total, vingt-trois sons différents !

Il rit. Il est triste, il pleure. Il réclame à manger. Il est excité ou a peur Il montre sa soumission. Il est content. Il t'aime. Enfin, il est fâché !

Le mangabey à gorge blanche
On le trouve surtout dans les arbres. Le cri du mâle ressemble à un grondement. Lorsqu'il hurle, il courbe le dos, fait des grimaces et tient sa queue à la verticale.

Les cercopithèques
Ils sont très répandus dans les forêts. Parmi eux, le talapoin est le plus petit singe africain puisqu'il mesure de 25 à 35 cm pour un poids de 1,5 kg. Curiosité : le talapoin adore l'eau, il plonge et nage avec une grande aisance.

Le mandrill
Ce cousin des babouins possède une mimique de politesse caractéristique appelée la bouche "en huit". Lorsqu'il s'énerve contre les autres mâles, les couleurs de son visage deviennent criardes ce qui intimide ses rivaux. Soumis, il présente son postérieur.

Le drill
Plus petit que le mandrill (90 cm sans la queue, pour 30 kg), il s'enfonce plus profond à l'intérieur des forêts denses. Très bruyant, il gronde, grogne, rugit et pousse des cris perçants.

Les colobes
Ils possèdent un estomac spécialisé qui leur permet de soutirer le plus d'éléments nutritifs possibles des feuilles dont ils se nourrissent. Dépourvus de pouce, ils tiennent leur repas entre leurs doigts et leur paume. On distingue différentes espèces de colobes, le plus connu est le colobe guéréza.

Le gorille, un animal paisible...

Les gorilles habitent les forêts tropicales, la plaine ou les montagnes de l'ouest et du centre de l'Afrique. Bien qu'ils soient les singes les plus grands et les plus forts, ils mènent une vie tranquille, passant le plus clair de leur temps à dormir !

La journée du gorille

Pendant la journée, les gorilles se déplacent à la recherche de végétaux et d'écorce d'arbres. Ils consomment au moins une centaine de plantes différentes ! Quelques entorses au régime : les fourmis, ainsi que leurs larves et leurs œufs, dont ils sont très friands ! Leur manque d'agilité et leur poids important empêchent les mâles adultes de grimper aux arbres. Seuls les jeunes et les femelles, plus légers, se hissent parfois sur les branches. Le reste du temps, les gorilles se reposent. À la tombée de la nuit, ils s'aménagent un nid de rameaux et de plantes sur le sol pour dormir.

Les gorilles en danger

La chercheuse Dian Fossey a consacré dix-huit ans de sa vie aux gorilles : elle a vécu parmi eux, les a étudiés et a mené une lutte implacable contre les braconniers. Car l'homme est le principal ennemi du grand primate : il le tue pour sa viande, utilise son crâne comme lampadaire, ses mains comme cendrier, et capture ses jeunes pour les vendre comme animaux de compagnie. Dian Fossey a été assassinée en 1985. Même s'il est aujourd'hui protégé, le gorille est toujours menacé de disparition.

Feuilles, baies, plantes, jeunes pousses d'orties, céleri sauvage, galium, chardons constituent le menu quotidien du gorille.

Comme toi, un gorille dort dix heures par nuit. Il lui arrive même de faire une sieste l'après-midi pour digérer son repas !

Un géant pacifique

La femelle pèse entre 70 et 110 kg. Le mâle adulte est plus lourd, de 140 à 200 kg, et beaucoup plus puissant. Debout, il atteint 2 m ! Le mâle dominant est appelé "dos argenté" à cause des poils gris clair de son dos. Il est doté d'une force extraordinaire, mais il s'en sert rarement. Le gorille est très gentil et attentif avec ses bébés. Si une femelle meurt, il s'occupe lui-même de son petit. Les liens entre les jeunes et leur mère sont très forts : le gorillon se blottit contre le pelage de sa mère et se tient sur son dos jusqu'à l'âge de trois mois. Il deviendra indépendant à la naissance de son frère ou de sa sœur, trois à quatre ans plus tard.

Portraits robots

À l'inverse de la femelle, le mâle porte sur le dessus de la tête une bosse constituée de muscles et de graisse où viennent s'insérer les muscles de la mâchoire et de la nuque.

L'infanticide

Lorsque deux groupes se croisent, ils ne se battent pas : les "dos argentés" crient en se frappant la poitrine et arrachent les plantes alentour pour intimider leurs adversaires. Puis ils passent leur chemin… Parfois, il arrive qu'un jeune "dos argenté" solitaire provoque le chef d'un groupe pour s'approprier ses femelles : un combat sanglant survient alors. Si le jeune mâle est vainqueur, il tue les petits du groupe et s'accouple avec les femelles pour qu'elles mettent au monde sa propre progéniture.

Les lémuriens de Madagascar

Détachée depuis environ cinquante millions d'années du continent africain, l'île de Madagascar héberge des milliers d'espèces qui existent nulle part ailleurs. Les plus connues sont les lémuriens. Ces bien curieux primates seraient arrivés sur l'île depuis l'Afrique, il y a 35 millions d'années, accrochés à des branchages dérivants !

Les lémuriens passent l'essentiel de leur vie dans les arbres où ils se nourrissent de végétaux et d'insectes. Seuls le fossa, un carnivore qui ressemble au puma, et la destruction de leurs habitats les menacent de disparition. Ces étranges malgaches ont une sensibilité visuelle exceptionnelle : leur œil est doté d'une sorte de miroir (comme un tapis réfléchissant) qui leur permet de repérer les proies même dans l'obscurité. Contrairement aux singes qui s'expriment par gestes, les lémuriens communiquent grâce à leur odorat très développé.

Le propithèque
Spécialiste des vols planés dans les arbres, il franchit 10 m en un seul saut et atterrit sur ses pattes. À terre, il court debout, le corps projeté en arrière. Ses très longs doigts le gênent tellement que, pour saisir un fruit au sol, il n'utilise pas ses mains mais sa bouche. En malgache, on l'appelle "sifaka", à cause des *si-fak*, *tsi-omb* et *onk* qu'il lance à ses visiteurs.

Gare au vertige !
Le propithèque de Verreaux donne parfois naissance à son petit à 16 m du sol. Pour éviter une chute fatale, le nouveau-né s'accroche tant bien que mal à la fourrure de sa mère !

L'aye-aye
Quel étrange lémurien nocturne : dents de rongeur et oreilles de chauve-souris ! Le troisième doigt de sa main est exagérément long. Il s'en sert pour attraper les larves d'insectes dans l'écorce des arbres ou pour récupérer la pulpe des noix de coco. Surpris, il pousse un cri proche du bruit que font deux objets métalliques frottés l'un contre l'autre... d'où son nom !

L'indri
Avec ses 90 cm, il est le plus grand des lémuriens. Il vit en famille dans les montagnes humides et boisées du nord-est de l'île. Souvent, plusieurs individus entonnent en chœur de longues plaintes mélodieuses. Les habitants l'appellent "babakoto" ou le "père de Jean".

Le maki catta

Avec sa superbe queue annelée, à lui la palme du plus séduisant ! Grimpeur agile, il fait des bonds extraordinaires pour sa taille. Il passe les deux tiers de son temps à terre. En colère, il frotte sa queue contre les glandes odorantes qu'il a sur ses avant-bras et la projette sur son ennemi !

L'hapalemur gris

Il vit en petits groupes, souvent dans les bambous. Doué d'une grande intelligence, il exprime clairement ses humeurs : détresse, hostilité ou tout simplement indifférence.

Le cheirogale mignon

Il n'est pas plus gros qu'une souris ! Il passe ses journées roulé en boule dans son nid. Il se nourrit surtout d'insectes, de nectars et de sucs végétaux.

L'avahi laineux

Tu le croiseras rarement. Ce lémurien aux mœurs nocturnes passe ses journées à dormir, calé dans la fourche d'une branche ou accroché verticalement à un tronc.

Une véritable arche de Noé !

Outre les mammifères, 100 000 espèces d'invertébrés (dont 3 000 de papillons et 400 d'araignées), 250 espèces d'oiseaux, 150 de grenouilles, plus de 60 de serpents… ont trouvé refuge à Madagascar. La plupart sont endémiques, c'est-à-dire qu'on ne les trouve pas ailleurs. Parmi tous ces curieux habitants, la grande île compte le tenrec (le plus grand insectivore de l'île et le plus prolifique des mammifères puisque, à chaque portée, dix à quinze petits agrandissent la famille), la tortue radiée ou sokake (impossible de ne pas la voir : elle mesure 60 cm !), ou encore le papillon-comète (le plus impressionnant de l'île avec ses 20 cm d'envergure).

L'Europe

Après l'Océanie, l'Europe est le plus petit de tous les continents. Prolongement de l'Asie, elle ne comprend aucune région tropicale et se trouve presque en totalité dans la zone tempérée.

Elle présente des espaces plus ou moins vastes de forêts de feuillus ou de conifères, une végétation de type méditerranéen au sud, et une faune quasi-arctique avec la taïga au nord. Comparée aux autres continents, l'Europe abrite peu d'animaux car l'homme s'est installé presque partout et a modifié les milieux naturels. Cependant, on entend encore les rainettes coasser dans les mares, les pics tambouriner sur les troncs d'arbres et les cerfs bramer à l'automne venu.

La taïga

Cette forêt de pins et d'épicéas, parsemée de lacs et de tourbières, cache de nombreux oiseaux et rapaces adaptés à la rudesse du climat… et foisonne de rongeurs, castors, loutres… L'hiver est marqué par la venue de milliers de rennes ; le printemps, par l'arrivée des oiseaux migrateurs… et des armées de moustiques !

Spectacle

En période de reproduction, le tétra mâle parade dans une clairière, appelée arène. Les poules circulent d'une "place de chant" à l'autre et s'accouplent avec un dominant.

La taïga est composée de conifères (pin, épicéa, mélèze), auxquels se mêlent, plus au nord, bouleaux et saules nains. Au sol s'étend un tapis humide de mousses et de lichens où l'eau, gelée une grande partie de l'année, a du mal à s'évaporer ou à s'infiltrer. Dans ces vastes étendues forestières, la vie est liée directement aux conifères. Toute l'année, ces arbres garantissent un garde-manger de produits comestibles. Mais les pommes de pin sont dures et engluées de résine. Aussi, la taïga est-elle peuplée d'oiseaux au bec assez puissant pour extraire les graines des cônes et au système digestif assez résistant pour digérer bourgeons et aiguilles. Chacun choisit sa nourriture en fonction de son appendice : le bec croisé des sapins (1), au bec robuste, décortique les pommes de pins aux écailles épaisses ; alors que le dur-bec des sapins (2), au bec moins puissant, préfère les cônes d'épicéa, plus tendres et aux grosses écailles peu serrées. D'autres, comme les tétras (3), consomment essentiellement les aiguilles des résineux. Quant aux nombreux

rongeurs, eux aussi passent leur temps à décortiquer les cônes. Les plus remarquables, les écureuils de Sibérie ④, creusent de petites cuvettes à l'extrémité des branches d'érables pour y lécher la sève. Ou encore, les écureuils volants ⑤... qui ne volent pas, mais s'élancent d'arbre en arbre en faisant des vols planés de 40 à 50 m. Oiseaux et rongeurs constituent une source alimentaire importante pour les rapaces de la taïga, notamment la chouette lapone ⑥ et l'autour-des-palombes ⑦. Redoutable chasseresse à la vivacité surprenante, la chouette lapone parvient à repérer, grâce à son ouïe extrêmement fine, les campagnols qui circulent sous l'épais manteau de neige !

La taïga

Cette forêt s'étend d'un seul tenant, sur une bande de mille kilomètres de large, au nord de l'Amérique, de l'Europe et de l'Asie. Sa superficie représente un tiers de celle des forêts du monde.

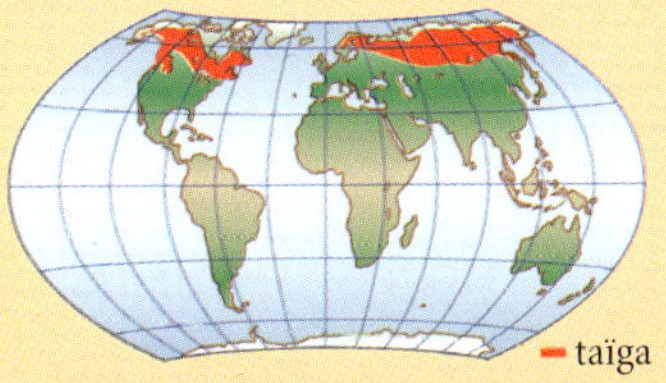

Le bûcheron de la forêt

Près d'une forêt de feuillus ou de conifères, en bordure d'une rivière, la famille castor s'active : abattage d'arbres, transport de branches, creusement de canaux, installation de digues… Tout est mis en œuvre pour aménager un terrier douillet !

Ce rongeur infatigable – le plus gros de l'hémisphère Nord – est un mammifère imposant puisqu'il mesure près de 1 m et pèse jusqu'à 30 kg. Il passe le plus clair de son temps dans ou près de l'eau, ne sortant de son abri qu'au crépuscule pour se nourrir.

Contrairement à ses pattes avant, les pattes arrière du castor sont palmées. C'est bien plus pratique pour nager et plonger !

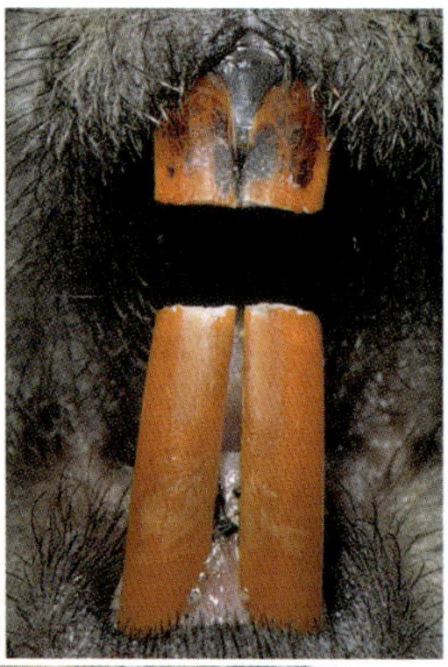

Un grand amateur de bois

On a calculé que le nombre d'arbres abattus chaque année par une famille de huit castors équivaut à plusieurs centaines ! Précisons qu'en coupant un seul arbre, le castor prévoit ses repas pour plusieurs jours, sans compter les matériaux de construction qu'il récupère. Il consomme tout : feuilles, écorces, jeunes rameaux, fruits… et n'abandonne sur place qu'une souche de 30 cm de hauteur et quelques copeaux !

Un bâtisseur exemplaire

Le castor réalise toutes sortes de constructions. Dans les cours d'eau tranquilles entourés d'arbres, il érige une hutte sur un tas de bois ou de grosses pierres. Colmatée avec des branchages et de la boue, elle peut mesurer 2 m de haut et 12 m de diamètre à sa base !
Pour augmenter la superficie de son habitat sous-marin, il dresse des digues et des barrages. Il appuie toujours ses ouvrages sur un obstacle naturel. Profitant d'un rétrécissement de la rivière, il entasse de grandes branches et de la boue pour empêcher le passage de l'eau.
Au bord des grands cours d'eau, le castor creuse un terrier dans la berge : son entrée sous-marine et les galeries souterraines atteignent jusqu'à 10 m de long. Pour marquer son territoire, le castor dépose les sécrétions de ses glandes à castoréum sur des petits monticules de terre humide, des grosses pierres ou des touffes de joncs…

Le barrage permet de maintenir une profondeur d'eau suffisante pour que l'entrée du terrier ou de la hutte reste immergée et que la réserve de bois pour l'hiver, gardée sous l'eau, soit accessible malgré la glace.

Populations mondiales

Autrefois, le castor était présent dans toute l'Europe. Aujourd'hui, il vit surtout en Scandinavie et à l'ouest de l'ex-URSS. En revanche, on le rencontre un peu partout en Amérique du Nord, à l'exception de la Californie, de la Floride et de l'extrême nord du continent. En Asie, ses populations restent faibles.

Vie de famille

Le castor vit en petites colonies composées d'un couple (qui reste uni toute sa vie !) et des jeunes des portées précédentes. Dominante, la femelle prend les initiatives et choisit les sites des ouvrages à construire. Au mois de mai, après cent jours de gestation, elle donne naissance à trois ou quatre petits de 500 g. Avec le lait riche de leur mère, les jeunes castors grossissent de 10 kg la première année ! Tous les membres de la famille s'occupent d'eux. Au bout de deux ans, ils quittent la famille et s'installent sur un nouveau territoire.

Cousin canadien

En 1975, dans le centre de la France, un châtelain lâcha dans son parc deux couples de castors canadiens. Ces castors se sont reproduits et leurs descendants se sont dispersés, bâtissant d'énormes barrages, provoquant des inondations... et éliminant les castors d'Europe présents dans la région. L'Office national des forêts a été contraint de les capturer, de les stériliser et de les placer dans des zoos. Cet exemple met en évidence les risques créés par l'introduction d'une espèce étrangère dans un milieu donné.

Sur la piste de l'ours brun

Depuis la nuit des temps, ours et homme partagent le même territoire. Jadis très répandu, l'ours brun a été chassé pour sa fourrure que l'on vendait à bon prix, ou dressé par les montreurs d'ours comme bête de cirque pour effrayer petits et grands.

L'ours brun a longtemps été considéré comme un fauve et les chasseurs ont cherché à l'exterminer à tout prix. Protégé en France depuis 1972, il est toujours poursuivi par les braconniers et dérangé par les activités humaines : routes, stations de sport d'hiver… Aujourd'hui, il ne reste qu'une douzaine d'ours dans les Pyrénées, une soixantaine dans les monts Cantabriques en Espagne, et une centaine en Italie dans les Abruzzes.

Une bête imposante

L'ours brun est le plus répandu de tous les ours. Il vit dans les plaines de la taïga et dans les forêts de montagne entre 900 et 1 800 m d'altitude. Debout, il mesure de 1,50 à 2,50 m ! Il possède une ossature puissante, des bras courts et larges terminés par des griffes qui sont des outils ou des armes très efficaces. Myope, il sent et entend parfaitement bien. Malgré sa placidité apparente, il peut faire preuve d'une rapidité étonnante : à quatre pattes, il est capable d'approcher les 50 km/h.

Espèce d'ours !

L'ourse lèche souvent ses bébés pour les laver. Au Moyen Âge, on croyait que c'était pour gommer d'éventuelles malformations des oursons, d'où l'expression "ours mal léché" lorsqu'on parle de quelqu'un qui a mauvais caractère.

Comme l'homme, l'ours pose son pied bien à plat sur le sol pour marcher : c'est un plantigrade. Passant la plupart de son temps à terre, le dessous de ses pattes est recouvert de poils.

En patois pyrénéen, l'ours est surnommé *lou moussu* (le Monsieur) et fait l'objet de nombreuses légendes.

Après s'être battu comme un diable pour séduire la femelle, le mâle peut enfin s'accoupler.

La naissance des oursons

Au printemps et en été, pour conquérir les femelles, les mâles s'affrontent violemment ; ce n'est pourtant qu'en novembre que les petits commencent à grandir dans le ventre de leur mère. Les oursons naissent en janvier, au cœur de l'hiver. Ils ressemblent à des chiots sans queue et pèsent entre 300 et 400 g, soit cinq cents fois moins que leur mère ! L'ourse les nourrit d'un lait très gras. Aussi, lorsqu'ils quittent la tanière à quatre mois, pèsent-ils déjà 5 à 6 kg. Ils suivent leur mère partout et, sous ses indications bienveillantes, mangent baies et insectes. Pendant leur première année, les oursons grandissent sous la protection constante de l'ourse. Peu à peu, ils prennent leur indépendance. À l'âge de trois ans, ils deviennent solitaires.

Les oursons naissent aveugles et nus. Ils mesurent moins de 25 cm de long, la taille de ta règle.

La recherche de nourriture

L'ours est un omnivore : il aime les fruits, champignons, insectes, rongeurs, miel, abeilles sauvages et ne dédaigne pas les cadavres d'animaux. Gare au mouton ou au faon qui tombe sous ses griffes ! En hiver, il ne dort que d'un œil au fond de sa tanière, on dit qu'il hiverne : son cœur bat lentement (10 pulsations par minute), il respire calmement, mais la température de son corps baisse à peine (de 38 à 32 °C). Avant ce repos hivernal, il parcourt la forêt à la recherche de nourriture pour constituer ses réserves de graisse, et il grossit du tiers de son poids !

C'est maman qui se charge de défendre les petits. Papa abandonne femme et enfants dès l'accouplement.

Le plus petit des ours

Dans la famille des ursidés, le plus petit est sans conteste l'ours des cocotiers, ou ours malais d'Asie, qui pèse de 20 à 70 kg. Cet excellent grimpeur passe ses journées à dormir dans un nid construit dans un arbre et sort la nuit pour se nourrir. Avec sa langue très longue, il extrait la pulpe juteuse des fruits.

Les acrobates des parois

La montagne est le refuge de mammifères très agiles : les bouquetins et les chamois. En été, ils montent jusqu'à 3 000 m paître dans les alpages et, en hiver, ils descendent dans la forêt se mettre à l'abri et manger herbes sèches, mousses, lichens et bruyère. Quel plaisir de les voir sauter de rocher en rocher !

Bien chaussés...

Très adaptés à la montagne, ils escaladent les parois les plus escarpées. Un saut de 8 m n'effraie pas le chamois ! À chaque pied, deux onglons (sorte de sabots élastiques longs et pointus) sont réunis par une palmure extensible qui leur permet de s'écarter largement dans la neige poudreuse et la boue. La sole (le dessous du sabot) possède des bords durs et acérés, saillants à l'avant et sur les côtés, ce qui évite à l'animal de déraper. Le chamois s'agrippe mieux sur les rochers, peut gratter la glace et s'enfonce moins dans le sol. Quant au bouquetin, il grimpe aisément sur les rochers lisses, car ses sabots possèdent un épais coussinet antidérapant et amortisseur, qui lui procure une adhérence exceptionnelle.

... et bien coiffés !

Les cornes du chamois apparaissent entre trois et quatre mois et s'allongent chaque printemps d'un nouvel étui. Il est ainsi possible de déterminer l'âge de l'animal d'après la hauteur de ses cornes. Chez le bouquetin, un nouvel anneau de croissance s'ajoute à ses cornes chaque été. Impressionnantes, elles pèsent 15 kg et mesurent 1 m de long !

Chamois

Bouquetin

La saison des amours… et des combats

Chez les chamois et les bouquetins, les femelles restent avec les jeunes. Les mâles vivent à l'écart, en petits troupeaux, et ne rejoignent leurs belles que pour se reproduire. Parfois éclatent des combats entre mâles : ils se dressent sur leurs pattes arrière, se repoussent cornes contre cornes, essayant de placer l'adversaire en contrebas alors qu'ils restent sur le surplomb rocheux. Ces combats sont rarement mortels.

Des petits débrouillards

Chez le chamois, le nouveau-né est protégé par un poil laineux. Les jeunes sont autonomes dès leur naissance. Au bout de quelques minutes, ils marchent ; deux heures plus tard, ils suivent leur mère ! Attaqués par le renard ou l'aigle, leur mère les défend avec courage. Dès le dixième jour, ils grignotent quelques brins d'herbe en plus de leur tétée.

Vieux de 20000 ans !

Dans une grotte sous-marine, la grotte de Cosquer, on a découvert un dessin de bouquetin sur une paroi. D'après les scientifiques, il aurait été gravé il y a environ 20 000 ans !

Les mangeurs de feuilles

L'arbre d'une forêt tempérée est un lieu de rendez-vous pour une foule d'animaux. Et ce ne sont pas les mammifères et les oiseaux qui font le plus de dégâts sur le feuillage, mais plutôt les insectes ! Sais-tu qu'un seul chêne peut abriter cinquante mille chenilles et une feuille plus de cinq cents pucerons ?

Les chenilles

Ce sont des larves de papillons ou d'autres insectes. Elles possèdent de puissantes mandibules avec lesquelles elles sont capables de dévorer des feuilles entières. La plupart ne s'attaquent qu'à un seul arbre, comme la tordeuse du chêne, un petit papillon vert dont la chenille vit dans les bourgeons et les feuilles de chêne qu'elles dévorent.

Le balanin

Grâce à sa longue trompe, la femelle perce un gland encore vert et pond un œuf à l'intérieur. La larve grandit en dévorant le cœur du gland.

Le cynips

Cette guêpe minuscule pond ses œufs dans la feuille du chêne. À cet endroit apparaît une boule, la galle, appelée ici "pomme de chêne" dont la larve de cynips se nourrit.

L'abeille

Elle passe son temps à récolter le pollen (la poudre formée de grains minuscules) sur les étamines des fleurs, pour nourrir ses larves. Le nectar est un liquide sucré qu'elle aspire au fond des fleurs et qu'elle transforme ensuite en miel. Pour récolter un litre de nectar, une abeille doit effectuer plus de 50 000 voyages entre la ruche et les fleurs !

Le hanneton commun

Lorsqu'ils pullulent, certains animaux entraînent la chute des feuilles. Aussi, pendant les trois semaines qui précèdent la ponte, le hanneton commun fait-il un véritable festin de feuilles. Ses vers blancs se nourriront de racines de pissenlit et de plantain.

Le bombyx disparate

Il pond ses œufs sur le tronc du chêne après avoir passé l'hiver au chaud sous une sorte de feutrage. Après l'éclosion, ses chenilles montent sur les branches et dévorent le feuillage.

Musclée !

Une simple chenille possède environ quatre mille muscles pour se déplacer.

La cétoine
Son œuf, guère plus gros qu'une tête d'épingle, est pondu dans le terreau accumulé dans la cavité d'un tronc d'arbre. Il donne une larve minuscule qui s'empresse de ronger les parois de son logement ! Avant de se métamorphoser en adulte, la larve tourne sur elle-même dans le terreau et badigeonne les parois de son abri d'une sorte de colle qu'elle fabrique dans ses intestins.

Élevage
Les fourmis, raffolant du miellat, bichonnent les pucerons. Elles les protégent des prédateurs et livrent des combats acharnés contre les coccinelles.

La mouche à scie
Elle choisit plutôt les feuilles de saule pour pondre, sur lesquelles elle crée aussi une galle. La larve n'en sortira que lorsqu'elle sera devenue un insecte parfait !

Le puceron
Il vit en colonies sur les troncs d'épicéas dont il suce la sève. Il possède deux mandibules qui pénètrent l'une après l'autre dans les feuilles et servent de guide à deux tubes : un premier injecte une salive qui ramollit les tissus et l'autre aspire la sève. Ce liquide passe dans le tube digestif sans être exploité et est rejeté sous forme de liquide sucré, le miellat.

La coccinelle
C'est l'ennemi juré des pucerons : une coccinelle adulte peut avaler quotidiennement plus de 50 pucerons, soit 1 000 à 2 500 durant toute sa vie ! Sa larve, très vorace, en ingurgite plusieurs centaines par jour.

La mouche mineuse
Dans le tissu des feuilles, notamment de bouleau et de chèvrefeuille, cette mouche creuse des "mines", en forme de galeries si les larves progressent dans une seule direction, en forme de plages, si elles vont dans tous les sens.

Le charançon du bouleau
Comme d'autres insectes, c'est un rouleur de feuilles, ou cigarier : la larve femelle découpe le sommet d'une feuille en formant un "S", puis roule le bas avec ses pattes pour former un tube. Une fois ses œufs pondus à l'intérieur, elle replie l'extrémité du cône pour l'obturer et permettre aux larves de se développer.

La fourmi noire des bois
Elle lèche avidement le miellat que les pucerons rejettent. Elle construit un nid souterrain avec des chambres séparées par de fines parois, faites de poussière de bois et de salive qu'elle mélange au miellat des pucerons. Un champignon se nourrit de ce mélange et consolide les murs du nid de la fourmi.

Le monde caché sous une vieille souche

En forêt, les arbres morts, les branches cassées, les cadavres et les excréments d'animaux mélangés aux milliards de feuilles qui jonchent le sol forment une véritable litière naturelle. Les bactéries, champignons et animaux minuscules décomposent ce tapis et remettent en circulation les sels minéraux qu'il contient.

Multiplication
Lorsqu'un ver de terre est coupé en deux par la dent d'un prédateur, chaque partie se régénère s'il subsiste assez d'anneaux. Et on obtient un nouveau ver de terre !

Sous les feuilles mortes, escargots, limaces, mille-pattes et gloméris absorbent les lichens, plantes pourries, moisissures et les centaines de cadavres. Les collemboles ① broient les feuilles grâce à leurs pièces buccales et permettent aux cloportes, champignons et bactéries de poursuivre la décomposition.

Dans certaines forêts, on en compte jusqu'à 70 000 sur 1 m^2 ! Dans la souche aussi, ça grouille ! Les insectes xylophages ② (qui se nourrissent du bois) creusent, à coups de mandibule, des galeries. Un trou dans l'écorce révèle donc la présence de larves de scolytes ③, de petits coléoptères, ou de fourmis.

Sous la souche, vers de terre, cloportes, larves de coléoptères... abondent. Véritables laboureurs, les lombrics ④ avalent la terre et les feuilles pourries en se déplaçant, puis les rejettent après avoir absorbé les petites particules de nourriture. À force de faire des allers-retours, ils remontent la terre de 2 m

Que du liquide

Le pseudo-scorpion, petit animal de la famille des araignées ne dépassant pas 5 mm, est un véritable goinfre. Pour tuer les collemboles, il utilise deux petites pinces près de sa bouche, les chélicères, qui introduisent dans la proie les sucs digestifs, lesquels prédigèrent les tissus : une fois liquides, les tissus sont ingurgités. Le pseudo-scorpion mange aussi des œufs d'insectes.

de profondeur en surface. Dans une forêt de feuillus, on trouve jusqu'à 250 000 lombrics par hectare ! Le sous-sol cache aussi une prédatrice redoutable qui ne mesure pourtant pas plus de 15 cm : la taupe ⑤ ! Cette gourmande dévore les vers de terre, larves d'insectes et limaces. Elle empile même dans des chambres de stockage des centaines de vers ! Évidemment, cette faune attire scarabées, araignées, crapauds, lézards, mulots, hérissons... et la litière, une foule de lithobies ⑥, un mille-pattes carnassier qui capture de nuit les collemboles et autres insectes du sol avec ses pattes-mâchoires venimeuses. De même, les géophiles ⑦ croquent lombrics et autres petits vers. Enfin, la nuit, de petites lumières clignotent parmi les feuilles. Ce sont les appels des femelles du ver luisant : lorsqu'un mâle vole en lançant quelques éclairs, sa belle lui répond en brillant encore plus fort !

Les chanteurs des bois

La forêt est le royaume des oiseaux : on compte jusqu'à cent espèces différentes pour un kilomètre carré ! Cette richesse s'explique par l'abondance et la qualité de la nourriture que les volatiles adaptent selon la saison : en automne, ils mangent des graines ; en hiver, des bourgeons ; et au printemps, à l'époque où ils élèvent leurs petits, des insectes riches en substances nutritives.

Le pic épeiche
Il met un mois à creuser le trou dans lequel il se cache : il frappe l'écorce à grands coups réguliers, découpe le bois en copeaux, puis disparaît dans la cavité ! Son principal outil est son bec résistant et inusable. Il lui sert aussi à dénicher les larves d'insectes cachées dans le bois. Le pic les harponne avec sa longue langue fine, gluante et garnie de barbillons !

La mésange à longue queue
Elle construit un joli nid globuleux formé d'un tissu de mousses, de fils d'araignées et de fibres, recouvert de lichen et garni de plus d'un millier de plumes. Cette mésange se nourrit surtout de pucerons.

Le gobe-mouches
Migrateur, il arrive d'Afrique en avril et repart à la fin de l'été. Il s'installe dans les forêts, les vergers et les parcs et niche dans un trou d'arbre ou un vieux nid de pic. Constamment en mouvement, il happe les insectes au vol.

Coups de bec
Chaque espèce de pics tambourine l'écorce des arbres selon son rythme. Le pic épeiche frappe six à douze coups en moins d'une seconde !

Le pouillot véloce
Toujours affairé, il fouille le feuillage à la recherche d'insectes et d'araignées. Au mois d'avril, le couple construit le nid à 30 cm du sol dans un chèvrefeuille ou un roncier. Les oisillons savent voler à quinze jours.

La buse variable

Le jour, elle chasse surtout à l'affût, perchée sur un arbre ou une motte de terre. Ses victimes sont surtout des campagnols, des musaraignes, de jeunes oiseaux et des couleuvres. À l'occasion, elle devient charognard, notamment l'hiver où elle se poste souvent au bord des routes pour profiter des animaux blessés ou écrasés par les voitures.

Le hibou grand duc

Immobile dans l'obscurité, il guette patiemment ses proies. Ses grands yeux sont sensibles au moindre rai de lumière et son ouïe très fine capte le moindre frôlement. En vol, il est totalement silencieux : ses ailes au plumage duveteux battent l'air sans un bruit !

La bécasse des bois

Sa couleur, rappelant celle des feuilles mortes, lui permet de passer inaperçue. Si elle se sent dérangée, elle déménage sa couvée en transportant ses poussins avec son bec.

Le coucou gris

C'est le seul oiseau parasite d'Europe : la femelle pond un œuf dans un nid de passereau. Une fois sorti de l'œuf, le jeune coucou précipite hors du nid les œufs et les poussins de ses parents adoptifs. Resté seul, il est tellement gavé d'insectes par ses nourriciers qu'il ressemble à un géant par rapport à eux !

Le geai

En automne, il ramasse des glands mûrs et résistants et les enfouis dans le sol en prévision de l'hiver. Hélas, le froid venu, le geai n'en retrouve qu'une toute petite partie. D'après les zoologistes, il en disperse plus de 4 500 par an, qu'il enterre dans une terre souple pour qu'ils poussent mieux... C'est un oiseau écologiste !

En travaux

De nombreuses espèces, comme la huppe fasciée ou la sittelle torchepot, s'approprient les nids de pics. La sittelle maçonne juste l'entrée à sa taille, et le tour est joué !

Ça grignote dans la forêt

Les forêts de feuillus et de conifères d'Europe sont le théâtre d'une vive animation. Pourtant, même en gardant les yeux levés vers la cime des arbres, il te sera difficile de repérer les acteurs : certains ne vivent que la nuit ; d'autres sont trop timides pour venir te saluer et fuient dès qu'ils sont surpris !

L'écureuil gris
Un peu plus grand que le roux, l'écureuil gris lui ressemble beaucoup et a le même mode de vie. Originaire d'Amérique du Nord, il a été introduit en Grande-Bretagne, en Australie et en Afrique du Sud.

L'écureuil roux
C'est un mini-athlète aux sens très développés : sa vue est perçante, ses yeux rapprochés lui permettent d'apprécier les distances pour sauter, son flair est excellent. Grâce à ses pattes arrière longues et musclées, il a une formidable détente et s'accroche aux arbres à l'aide de ses longues griffes acérées. Sa queue est sa meilleure alliée : elle sert à la fois de gouvernail, de parachute et de balancier quand il court ou saute, aussi d'oreiller et de parasol ! Son principal ennemi est la martre qui le poursuit dans les arbres.

Le mulot à collier
Il ne creuse pas de terrier, mais construit un nid de mousses et d'herbes dans celui d'une taupe ou d'un campagnol. Il a des mœurs strictement nocturnes.

Fausse piste

Il existe des écureuils plus malins que d'autres. Certains se promènent en faisant des boucles et remarchent sur leurs traces. Ainsi, en suivant leurs empreintes, les prédateurs n'arrivent jamais jusqu'à leur nid !

Qui a dîné ?

Très gourmand, l'écureuil détache les cônes pour extraire les graines de leurs écailles. Celles qu'il perd en cours de route germeront et donneront de futurs arbres. C'est aussi un grand consommateur de noisettes : pour les ouvrir, il introduit ses incisives inférieures dans le trou qu'il a fait et appuie sur la coque pour la faire éclater.
Le mulot épluche toujours les cônes dans une cachette. Contrairement à l'écureuil qui arrache les écailles de la base du cône, le mulot les ronge. Friand de noisettes, comme le campagnol, il perfore leur coquille de ses dents aiguisées et en extrait l'amande par petits morceaux.

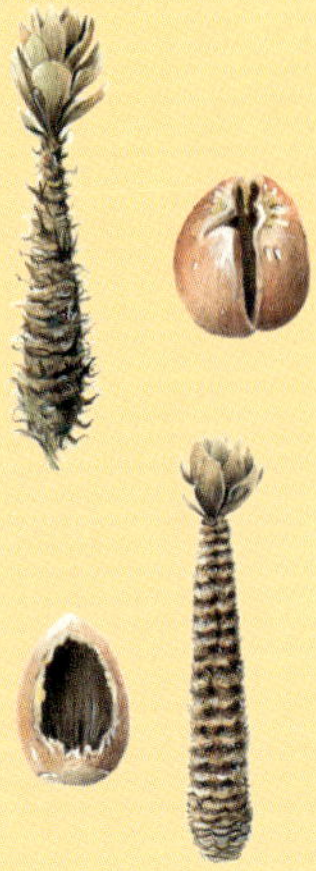

Le muscardin
Impossible de voir le bout de son museau ! Le muscardin, appelé aussi rat d'or, se cache volontiers dans les broussailles épaisses et les ronces. Il ne sort que la nuit pour croquer quelques insectes, graines, fruits et fleurs. Il se régale du pollen très nourrissant des fleurs.

Le campagnol roussâtre
Un peu plus petit que le loir, il se rencontre à la lisière des forêts, dans les jardins et les vergers. Comme ses cousins, il grimpe bien aux arbres et vit la nuit. La femelle installe ses petits dans un nid rond caché dans un tronc d'arbre, ou creusé à 10 cm sous terre.

Le spalax
Ce rongeur très particulier habite aussi dans les steppes et les terres agricoles. Il vit uniquement sous terre dans un vaste réseau de galeries qu'il a creusées et se nourrit de racines, bulbes et tubercules. Ses yeux et ses conduits auditifs sont obturés par un repli de peau. Pour se renseigner sur ce qui l'entoure, il touche les objets du bout de son nez.

Le loir
À la fin de l'été, il devient véritablement boulimique et engraisse énormément pour préparer son hibernation d'octobre à mai. À son réveil, il a perdu la moitié de son poids. Attention : s'il pénètre dans ta maison, il rongera les boiseries et grignotera tes réserves alimentaires !

Et on le nomma “renard”

Au XIIIe siècle, un recueil de fables animalières rencontre un énorme succès. Il met en scène un goupil malicieux qui se nomme “Renart”. Ce héros marque tellement les esprits que renard devient le nom commun de l’espèce, en remplacement du mot “goupil”.

Depuis le *Roman de Renart* où le héros trompe les naïfs, déjoue les pièges que lui tendent les villageois, fait des farces à son ennemi le loup, le renard jouit d’une réputation d’animal rusé et intelligent, confirmée par son tempérament et son mode de vie. En effet, le renard roux, le plus grand des renards, a colonisé tous les continents : on le rencontre aussi bien en Europe qu’en Asie, Amérique, Afrique du Nord et Australie. Car ce petit malin est capable de prospérer dans des milieux très différents : plaines, montagnes, forêts, campagnes, marais et même faubourgs des villes où il réussit à vivre et à se reproduire.

Traitement aérien

Le renard peut transmettre une maladie mortelle, la rage. Depuis plusieurs années, les renards sont vaccinés grâce à des appâts lancés par hélicoptère. La maladie a ainsi disparu de France en 2000.

Pas si solitaire

On le voit le plus souvent seul. Pourtant, le renard passe sa vie en couple, ou en groupe constitué d’une femelle et de ses renardeaux. Pour marquer son territoire et se sentir chez lui, il laisse des jets d’urine – parfois un par minute – aux endroits stratégiques et des excréments sur les grosses pierres, les taupinières ou les touffes d’herbe. Les glandes de ses pieds et de son arrière-train lui permettent de déposer des liquides odorants. Les autres savent ainsi s’il s’agit d’un mâle ou d’une femelle et par où il est passé.

Le renard est un petit mammifère de six kilos environ pour moins d’un mètre de hauteur.

Idole des humains

Depuis mille ans, le renard hante notre imaginaire et est le héros de nombreux dictons et proverbes. Plus de 150 locutions recensées au début du XXe siècle le présentent tour à tour comme un rusé, un sage, un sournois, un voleur… à la beauté trompeuse. Voici quelques citations : *On ne prend pas deux fois le renard au même piège* (Aristote) ; *Quand court le renard, le poulet a des ailes* ; *Un bon renard ne mange pas les poules de son voisin* (proverbes français) ; *Le renard en sait beaucoup, mais celui qui le prend en sait davantage* (M. de Cervantès, auteur espagnol) ; *Il vaut mieux être le dernier des lions que le premier des renards* (proverbe grec) ; *Renard n'est pas juge à un concours d'oies* (proverbe anglais). Même nos empereurs l'ont pris pour exemple : *Je sais, quand il le faut, quitter la peau du lion pour prendre celle du renard*, disait Napoléon Bonaparte.

Le renard roux a la réputation d'être un "voleur de poules". Pourtant, il est très utile à l'homme en dévorant souris et campagnols.

La renarde prend le plus grand soin des jeunes. Elle empêche même le père de rentrer dans la tanière tant que les petits n'ouvrent pas les yeux.

Un opportuniste

Le renard part à la chasse en fin de journée. Son ouïe, très fine, détecte une souris à 200 m ! Pour la capturer, il s'élance sur elle et l'attrape avec ses pattes avant : on dit qu'il mulote. Ses proies, extrêmement variées, dépendent des conditions locales : il avale à peu près tout ce qui lui tombe sous la dent ! Il ne laisse aucune chance, surtout aux campagnols, rats, lapins et lièvres, ses plats favoris. De temps en temps, il croque un ver de terre, un escargot ou une sauterelle. Il équilibre son menu avec des baies et des fruits et grappille aussi quelques détritus ou cadavres.

Une enfance rapide

À partir du mois de mars, la renarde met au monde environ cinq petits qu'elle garde au chaud au fond de son terrier. Les renardeaux mettent le nez dehors à l'âge d'un mois. Espiègles, les jeunes jouent beaucoup. Cependant, à la moindre alerte, maman glapit et ils retournent dare-dare à l'abri dans leur gîte. Parents consciencieux, le mâle et la femelle assurent ensemble l'éducation des jeunes jusqu'à leur indépendance. Dès la fin de l'été, les renardeaux se dispersent à la recherche d'un nouveau territoire, parcourant de 5 à 25 km.

Les renardeaux, sevrés à un mois, jouent aux alentours de la tanière sous l'œil vigilant des parents.

Les hôtes de nos bois

Au cours des siècles, l'urbanisation et le déboisement ont causé la disparition des grands mammifères forestiers. Seuls sangliers, cerfs, daims et chevreuils ont résisté et se sont habitués à vivre sur des territoires peu étendus, complétant leur alimentation en chapardant dans les champs cultivés.

Alerte

En cas de danger, les cervidés ébouriffent les poils de leurs fesses qui forment alors une véritable houppette, appelée miroir. Signal d'alarme pour les autres, le miroir est aussi un bon moyen de reconnaître l'animal qui détale devant soi : il est jaune clair chez le chevreuil, souligné de noir chez le daim...

Le sanglier

Cet ancêtre du porc domestique parcourt jusqu'à 40 km en une nuit pour trouver les racines, glands, faines, larves d'insectes, souris et crapauds... dont il se régale. Il déterre la nourriture à l'aide de son groin osseux (le boutoir) et de ses défenses. Friand de maïs et de pommes de terre, il cause parfois des dégâts importants dans les champs !
Les marcassins – ses bébés – tètent pendant deux mois: chacun s'accapare sa mamelle attitrée ! Très vivaces, les petits suivent leur mère (la laie) au pas de course. Pour entretenir sa peau et sa fourrure composée de poils raides, appelés soies, le sanglier prend des bains de boue dans la "souille". Pour se sécher et marquer son territoire, il se frotte aux arbres et laisse une trace sur les troncs appelée "houzure".

Le chevreuil

C'est le plus petit des cervidés, avec 70 cm au garrot. Son pelage d'hiver, gris-roux, disparaît au printemps pour laisser place à la livrée d'été, rousse et lustrée, avec un museau noir et un menton blanc caractéristiques. Pendant les quelques semaines que dure la mue, il garde un air tout dépenaillé ! Contrairement au cerf, il ne forme pas de harde et se contente d'une seule chevrette. Pour naître en mai ou juin, lorsque l'herbe est verte et abondante, l'embryon du futur faon attend cinq mois avant de se développer dans le ventre de la femelle.

Le daim
Pour l'apercevoir, attends l'aube ou le crépuscule car, durant la journée, il se repose dans les sous-bois. Tu remarqueras ce cervidé de 1,10 m au garrot à ses larges bois aplatis et à son "miroir" blanc cerné de noir. En automne, à la saison des amours, son cou s'épaissit et sa pomme d'Adam devient plus visible. Il pousse des cris rauques : on dit qu'il rait. Il marque son territoire en imprégnant le sol d'urine et en se frottant la tête contre les arbres.

Le cerf
Il est le plus grand ongulé européen, puisqu'il atteint 1,50 m et pèse 350 kg. Vers mi-septembre, la forêt résonne de ses rugissements graves et langoureux, le brame, et du fracas de ses bois. Le moment est venu de courtiser les biches et de s'accoupler. Il devra d'abord combattre ses rivaux pour les repousser. Parfois, durant ces combats, les bois s'enchevêtrent tant et si bien que les cerfs ne peuvent plus se dégager l'un de l'autre... ils finissent par s'épuiser et par mourir de faim. Pendant le brame, le cerf est tellement excité qu'il perd jusqu'à 15 kg en un mois ! En dehors de cette période, les cerfs vivent en petites hardes séparées des biches.

Ils sont passés par ici

Tous les animaux laissent des traces sur leur passage. Pour t'aider à te transformer en "détective animalier", voici quelques indices de leur présence :

Sanglier

antérieur droit, long. 8 cm

Chevreuil

antérieur droit, long. 4 cm

Cerf

antérieur droit, long. 10 cm

Tu peux aussi trouver, de février à mai, des ramures de cervidés. En effet, ces animaux portent des "bois", faits de matière osseuse, qui tombent au printemps pour repousser plus grands, plus forts et plus ramifiés. Ils arborent leur nouvelle ramure propre et sèche avant la période de reproduction, au début de l'automne. C'est la peau très douce, le velours, dont les bois sont recouverts, qui les nourrit. Les bois prennent 600 g environ chaque année ; la ramure d'un cerf pèse jusqu'à 15 kg !

Les vieilles dames

Les tortues sont des animaux très anciens puisqu'elles existaient déjà à l'ère des dinosaures. Nées il y a 300 millions d'années, elles sont restées inchangées depuis cette époque, protégées de leurs ennemis par leur "armure osseuse", la carapace.

La tortue de Floride

De 3 à 4 cm de long pour quelques grammes à la naissance, elle atteint 40 cm et pèse jusqu'à 8 kg à l'âge adulte ! Originaire de la vallée du Mississippi, en Amérique, cette grosse tortue aquatique est fréquente dans les cours d'eau. Importée en grand nombre pendant des années, il est interdit de la faire rentrer dans les pays de la Communauté européenne depuis 1997. En effet, les propriétaires de tortues de Floride avaient la mauvaise habitude de relâcher dans la nature les spécimens devenus énormes. Très voraces, ces tortues dévoraient alors grenouilles, crapauds, jeunes poissons. Et surtout, les cistudes, l'espèce de tortue européenne.

La tortue grecque

Elle ressemble à la tortue d'Hermann, mais elle est plus grosse et la face interne de ses cuisses porte un tubercule corné. Comme sa cousine, elle se cache sous la terre ou dans un abri pour hiberner : son cœur ne bat plus que deux fois par minute au lieu de trente, sa respiration est très lente, elle ne mange plus et ne bouge plus. On la rencontre dans les pays méditerranéens où elle fait l'objet d'un commerce très actif.

Grand-mère

Les tortues vivent environ 100 ans. Le record de longévité est détenu par une tortue géante des îles Mascareignes qui vécut 152 ans.

La cistude d'Europe
Cette tortue d'eau douce de 14 à 20 cm, aux pattes arrière palmées, fréquente les étangs aux fonds vaseux. Bien que très agile sur le sol, elle passe la plupart de son temps dans les étangs. Cette carnivore entraîne parfois un jeune oiseau ou un rongeur dans l'eau ; mais, généralement, crustacés, poissons, têtards, grenouilles, insectes et limaces composent son menu. Très rare, elle est menacée par les pêcheurs et surtout par la destruction de son environnement (pollution, aménagements des plans d'eau...). Comme elle est très timide, il est difficile de l'apercevoir.

La tortue d'Hermann
Elle habite les forêts et les régions broussailleuses de France, d'Espagne, d'Italie, de Roumanie, de Yougoslavie, d'Albanie, de Bulgarie et de Grèce. Elle est menacée par la destruction de son milieu et l'utilisation des rotobroyeurs. De plus, renards, blaireaux et fouines vident les nids de tortue regroupés aux mêmes endroits à cause de la raréfaction des habitats. Surtout végétarienne, la tortue d'Hermann ne dédaigne pas les limaces, escargots ou vers de terre. Tu la reconnaîtras facilement à la griffe qu'elle porte au bout de la queue, très développée chez le mâle. La tortue d'Hermann vit environ 50 ans, parfois même jusqu'à 100 ans !

Quel âge avez-vous ?

Pour déterminer l'âge d'une tortue, il te suffit de compter les bourrelets de croissance d'une des écailles de sa carapace : chacun correspond à une année de vie. C'est parfois un peu difficile car à partir de douze ans, la tortue grandit moins vite, les bourrelets s'usent et deviennent moins visibles. Les scientifiques ont d'autres moyens pour estimer l'âge d'un spécimen adulte, notamment en fonction de sa taille et de son poids. Ainsi, une tortue d'Hermann femelle de 17 cm a entre quarante et soixante ans.

Écaille

Les danseurs aquatiques

À l'ombre des roseaux et des nénuphars, les eaux tranquilles de la mare ou de l'étang cachent un peuple de petites bêtes bien étranges. Approche silencieusement de la berge, arme-toi de patience… et admire le ballet aquatique de ce monde miniature…

Contrairement aux rivières et aux torrents où, en raison des forts courants, les animaux sont peu nombreux, la mare abrite quantité d'insectes aquatiques, tous carnassiers, et représente à elle seule un véritable micro-zoo ! Les petits points qui s'agitent dans tous les sens sont des crustacés minuscules (daphnie ①, cyclope), des coléoptères (dytique ②, gyrin), ou encore des punaises (notonecte ③, gerris ④, nèpe cendrée ⑤). Tu les reconnaîtras facilement : la daphnie porte quatre rames sur la tête et un énorme œil noir ; le cyclope se déplace par bonds grâce à ses pattes natatoires ; le gerris, appelé araignée d'eau, est si léger qu'il glisse à la surface de l'eau et patine ; la notonecte, elle, nage sur le dos au-dessous de la surface, en utilisant ses pattes postérieures comme des avirons ; et le dytique, très vorace, se propulse dans l'eau comme une torpille, saisit ses proies avec ses pattes et leur injecte une salive toxique qui les paralyse avant

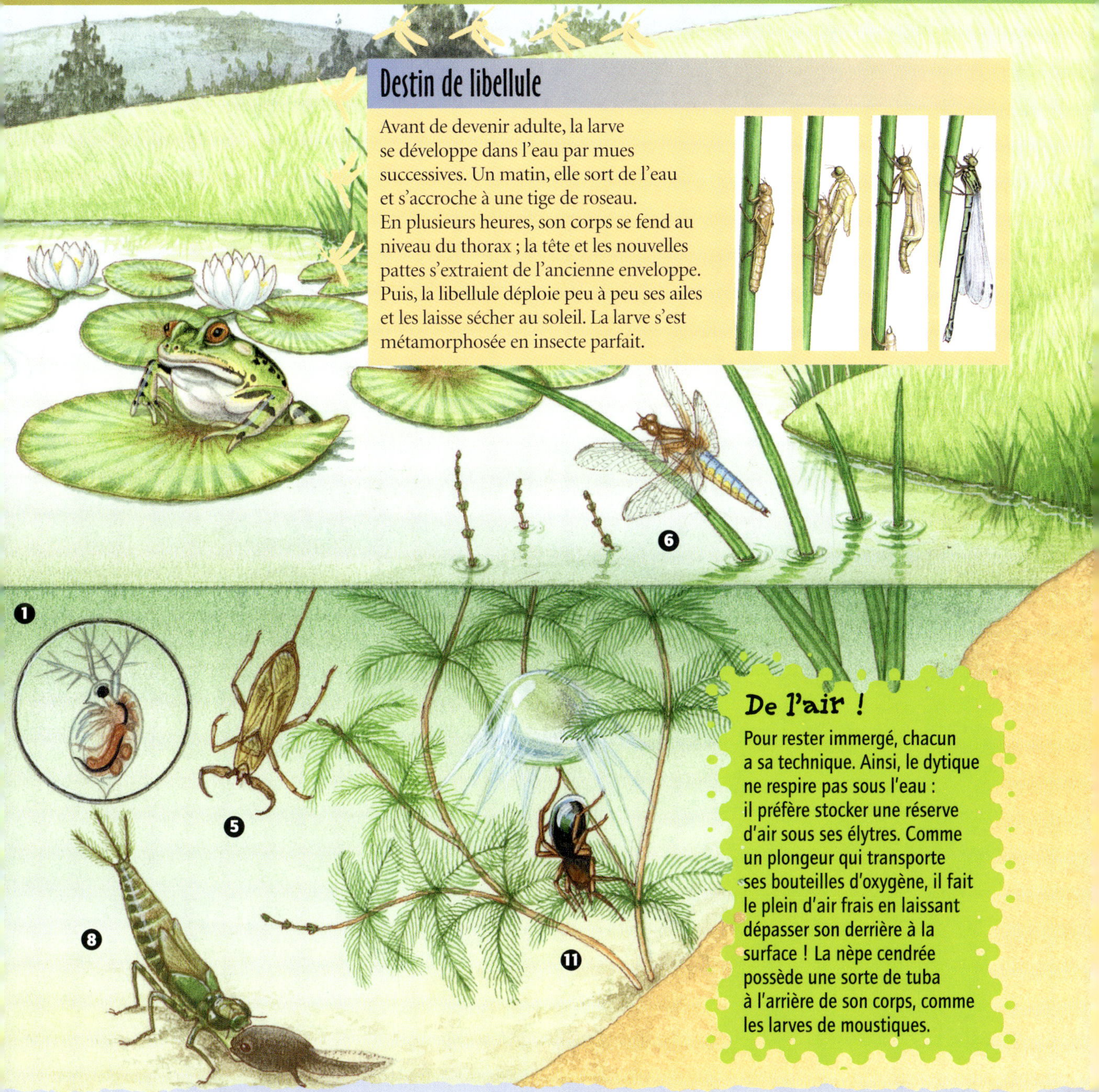

Destin de libellule

Avant de devenir adulte, la larve se développe dans l'eau par mues successives. Un matin, elle sort de l'eau et s'accroche à une tige de roseau. En plusieurs heures, son corps se fend au niveau du thorax ; la tête et les nouvelles pattes s'extraient de l'ancienne enveloppe. Puis, la libellule déploie peu à peu ses ailes et les laisse sécher au soleil. La larve s'est métamorphosée en insecte parfait.

De l'air !

Pour rester immergé, chacun a sa technique. Ainsi, le dytique ne respire pas sous l'eau : il préfère stocker une réserve d'air sous ses élytres. Comme un plongeur qui transporte ses bouteilles d'oxygène, il fait le plein d'air frais en laissant dépasser son derrière à la surface ! La nèpe cendrée possède une sorte de tuba à l'arrière de son corps, comme les larves de moustiques.

d'aspirer leurs viscères et de ne laisser que leur peau. Les eaux calmes regorgent aussi d'insectes à l'état larvaire qui, devenus adultes, s'envoleront dans les airs, comme les libellules ⑥, les mouches ou encore les moustiques (larves en ⑦). La larve de libellule ⑧ est une chasseresse redoutable : elle projette en avant une longue pince repliée sous sa tête, attrape sa victime et la dévore tranquillement. La larve de phrygane ⑨ (insecte de la famille des éphémères) échappe aisément aux prédateurs, car elle fabrique un fourreau de brindilles, petits cailloux, feuilles et coquillages. Après sa métamorphose, la phrygane ⑩ quitte le fourreau et s'envole pour une vie de quelques heures. Une astucieuse araignée, l'argyronète ⑪, affectionne aussi les étangs : elle tisse sa toile sous l'eau, la remplit de bulles d'air avec soin. La toile se gonfle et devient une cloche pleine d'air frais et sec !

Ça coasse dans les mares

La mare est le berceau des batraciens : grenouilles, crapauds et tritons y pondent leurs œufs. Ces animaux sont des amphibiens : ils vivent aussi bien à terre que dans l'eau.

La grenouille rousse
On peut la rencontrer jusqu'à 3 000 m d'altitude. Elle est plus terrestre que sa cousine verte. D'octobre à mars, elle hiberne dans la vase au fond de l'étang, ou sur terre sous les mousses, feuilles ou pierres.

Une suite de métamorphoses
À l'exception de la grenouille verte, les batraciens rejoignent la mare qu'une fois par an, entre mars et avril, pour s'accoupler et pondre leurs œufs. La grenouille verte, par exemple, pond de 2 000 à 10 000 œufs, regroupés en une grosse grappe gélatineuse légèrement enfoncée sous la surface. Au bout d'une semaine, des centaines de têtards sortent et s'accrochent aux plantes aquatiques. Les jours suivants, leur queue s'allonge, les yeux, les narines, la bouche et les branchies se développent. À deux semaines, un opercule les recouvre, formant une cavité et les branchies deviennent internes. Le têtard broute les plantes aquatiques et grignote quelques cadavres grâce à ses mâchoires cornées. À quatre semaines, il mesure 3 cm. Deux bourgeons apparaissent à l'arrière : ce sont les futurs membres postérieurs. À cinq semaines, il fait 5 cm et ses pattes avant poussent. Puis sa queue rétrécit, ses branchies diminuent et ses poumons se forment. La bouche s'élargit, les yeux s'agrandissent et s'entourent de paupières. En trois ou quatre mois, le têtard s'est métamorphosé en une jeune grenouille !

La grenouille verte
C'est la seule réellement aquatique. Elle capture les insectes au vol, en projetant sa langue avec une très grande rapidité. Elle mange aussi des vers, chenilles, escargots, limaces, œufs de poissons et alevins. Ses ennemis sont également nombreux : hérons, cigognes, rats, brochets, couleuvres, renards, loutres et hommes ; les têtards sont également très appréciés des larves de libellules et de dytiques (*voir p. 116*).

La rainette

Cette petite grenouille vit surtout dans les arbres ! Les disques adhésifs au bout des doigts et des orteils plus son ventre granuleux lui permettent d'adhérer à la surface lisse des feuilles. En avril-mai, au moment de la reproduction, les mâles émettent un chant puissant *kouec, kouec* qui attire les femelles.

Envahisseuses

Dans les années 1980, un particulier a lâché dans la campagne française une dizaine de grenouilles-taureaux rapportées des États-Unis. Ces énormes grenouilles de plus de 1 kg se sont tant multipliées qu'elles sont devenues trop nombreuses et dévorent tout : têtards, grenouilles, alevins, canetons, poussins, oiseaux et petits mammifères. Sans parler de leur progéniture abondante : une femelle peut déposer plus de 45 000 œufs à la surface de l'eau !

Le crapaud commun

Ce crapaud, le plus grand d'Europe, a un corps massif (jusqu'à 20 cm). En février, des dizaines d'individus migrent en direction des étangs où ils sont nés pour se reproduire. Le chant des mâles ressemble au gloussement de la poule.

Des bien gros !

Les amphibiens géants ne vivent pas chez nous. Le plus grand, la salamandre géante japonaise, dépasse 1,50 m. Elle vit toujours dans l'eau, mais refait surface toutes les six à dix minutes pour respirer, car elle est dépourvue de branchies. Quant au goliath, la plus grosse des grenouilles avec ses 3,5 kg, il vit dans les mares d'Afrique équatoriale.

Les tritons

Le triton crêté est le plus grand, jusqu'à 18 cm ; et le triton palmé, le plus petit avec ses 8 cm. Ils aiment les endroits humides. Pour séduire leur belle, les mâles diffusent un parfum sous leurs narines ! La femelle pond ses œufs un par un et les enveloppe chacun dans une feuille, bien à l'abri des prédateurs.

À l'eau !

Dans les eaux profondes des rivières et des étangs, la vie bat son plein. Une foule de poissons frétille et ondule, se nourrissant de plancton, de petits animaux ou de débris végétaux.

L'épinoche
Ce petit poisson irritable est armé d'aiguillons sur le dos... même le brochet n'ose pas avaler ce guerrier épineux. Avec sa famille, il déborde d'attentions : il construit un nid de plantes aquatiques en forme de tunnel et y attire les femelles qui y pondent 300 à 1 000 œufs au total. Le mâle assure la ventilation de ces œufs et les protège des intrus. Quand les petits naissent et s'échappent du nid, papa veille sur eux : il les récupère dans sa gueule et les ramène au bercail ! Au printemps, l'épinoche s'orne de jolies couleurs : son ventre devient rouge et ses yeux émeraude.

La carpe
Tu la reconnaîtras à ses quatre barbillons de la lèvre supérieure. Elle fouille dans la vase des lacs et des étangs pour dénicher insectes, mollusques, crustacés, vers et graines et happe parfois de petits poissons. Elle mesure jusqu'à 1 m et pèse 30 kg ! Plus la femelle est grosse, plus elle est prolifique : une carpe de 7 kg, par exemple, pond jusqu'à 1 373 000 œufs !

Le brochet
Bâti comme une torpille, ce requin d'eau douce possède un corps long aux nageoires placées très en arrière. Sa colonne vertébrale, très souple, lui permet d'atteindre des vitesses étonnantes, aux alentours de 50 km/h. C'est un carnivore redoutable qui se nourrit surtout d'autres poissons et même, à l'occasion, de grenouilles et de jeunes oiseaux. Il chasse à l'affût, caché par la végétation, puis il fonce sur sa proie.

Les dents de l'étang
Le brochet à une dentition inclinée vers l'arrière, ce qui l'empêche de rejeter les proies trop grosses... au risque de s'étouffer. On a ainsi retrouvé, dans un brochet de 72 cm, un autre brochet de 43 cm !

La perche
Elle vit en petits bancs. Au début de sa vie, elle se nourrit de plancton, elle s'attaque ensuite aux larves d'insectes, aux vers et aux mollusques. Entre avril et juin, la femelle pond environ 100 000 œufs, en longs cordons sur les plantes aquatiques et les pierres.

Le saumon
Il vit en mer et remonte les cours d'eau à l'époque de la reproduction (ou frai) pour aller pondre en eau douce. Prédateur vorace quand il est en milieu marin, il cesse alors de s'alimenter. Le saumon fait appel à toute son énergie pour franchir les cascades et barrages : il saute de 2 à 3 m en hauteur, en décrivant une trajectoire de 4 à 6 m. Une fois nés, les jeunes saumons retourneront en mer. Un adulte mesure en moyenne 1 m de long et atteint parfois 1,50 m.

L'anguille
Elle est fréquente dans les eaux saumâtres et douces, jusqu'à plus de 1 000 m d'altitude. Adulte, elle effectue un voyage de 4 000 à 6 000 km, sur six à huit mois, pour aller se reproduire en mer des Sargasses (au milieu de l'Atlantique) avant de mourir. Une fois nées, les larves transparentes rejoignent les embouchures des fleuves d'Europe, se métamorphosent en civelles, et remontent les cours d'eau. Une dizaine d'années plus tard, la femelle mesure 1 m pour 4 kg. Elle change de couleur, cesse de se nourrir et descend à son tour les cours d'eau.

Ondule...

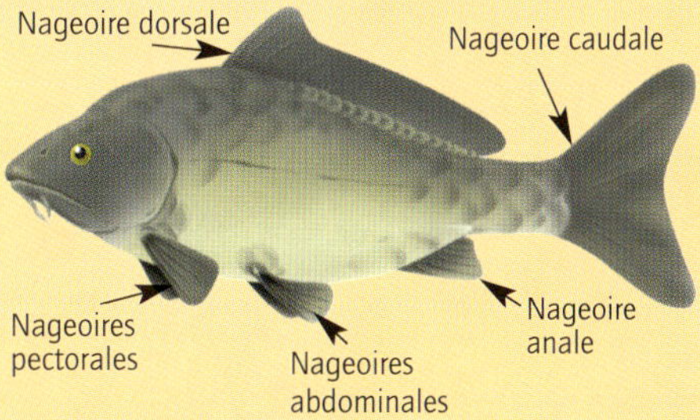

Le poisson se déplace par une série d'ondulations, provoquées par les muscles puissants de ses flancs et de sa queue. Sa nageoire caudale sert à le propulser et les autres nageoires ont un rôle de stabilisateur, de gouvernail ou de frein. Pour faciliter le glissement dans l'eau, ses écailles sont recouvertes d'un mucus. Certains poissons atteignent des vitesses appréciables, comme le saumon qui peut nager à 40 km/h ou l'espadon (poisson marin) qui dépasse les 60 km/h.

Dans les grottes et les cavernes

Depuis des milliers d'années, en s'infiltrant dans la terre, l'eau creuse des galeries, des grottes et des puits. Dans cet univers noir, humide et un peu frais, des créatures terrestres ou aquatiques se sont installées. Un monde bien étrange...

La vie en milieu souterrain

Dans une grotte, deux points sont importants : l'absence de lumière et l'absence de végétation à chlorophylle. Les êtres cavernicoles vivent donc en permanence dans l'obscurité et doivent trouver des sources alimentaires non végétales. Ces êtres des ténèbres se divisent en trois catégories, suivant leur capacité à sortir de leur sombre cachette.

Les visiteurs

Les animaux dits "trogloxènes" s'aventurent sous la terre sans y rester : les grottes constituent des abris, mais ils tirent leur subsistance à l'extérieur. Les plus connus sont les chauves-souris, seuls mammifères à poils capables de voler. Trente espèces fréquentent l'Europe. Réplique parfaite du grand rhinolophe, le petit rhinolophe mesure 30 cm et porte des oreilles de plus de 15 cm ! Il ne risque pas de tomber sur la tête, car les griffes de ses pattes s'accrochent au plafond et clac... ses tendons se bloquent en position de repos. Il reste suspendu ainsi durant des heures, des jours, et même des mois pendant son hibernation. Avec ses 5 cm de long, l'oreillard tient dans une main ! Chez lui tout semble minuscule. Il est capable de voler sur place entre 1 et 6 m du sol et capture papillons, chenilles et araignées sur les parois. Bien d'autres viennent dans les cavernes pour hiberner. Ainsi, à la fin de l'été, tu admireras la découpure, un papillon qui reste à l'abri à l'entrée des grottes.

À manger !

Dans certaines grottes, les excréments des chauves-souris s'entassent sur près de 1 m : cette masse boueuse et spongieuse, appelée "guano",est une aubaine pour les habitants des grottes qui y trouvent une inépuisable réserve de nourriture.

Le sonar de la chauve-souris

Les chauves-souris se déplacent par écholocation : elles émettent des sons très aigus produits par la gorge, les ultrasons. Ces ondes sont réfléchies par les obstacles ou les proies volantes. L'écho renvoyé donne aux chauves-souris une image acoustique précise de leur environnement.

Habitants de passage

Les animaux dits "troglophiles" peuplent le milieu souterrain jusque dans les zones les plus obscures, mais s'adaptent aussi à l'air libre. Ce sont surtout les annélides, diplopodes et collemboles. Les collemboles, les plus primitifs des insectes, mangent uniquement de la matière organique apportée par l'eau de ruissellement. Ils sont dévorés par dizaines par les dolichopodes (mot venant du grec qui signifie "longues pattes"), cousins de la sauterelle terrestre. Le diplopode est bien armé pour se déplacer : il porte plus de quinze paires de pattes.

Diplopode

Dolichopode

Collembole

Aphaenops

Les prisonniers

Enfin, il y a ceux qui restent toute leur vie dans les cavernes, les "troglobies". Ne voyant pas la lumière, leurs yeux ont disparu et ils n'ont plus besoin de pigments sur leur peau (ils restent translucides). Ces handicaps les empêchent de survivre à l'extérieur. En revanche, ils ont un odorat excellent et possèdent un nombre élevé de cellules sensitives sur le corps. Ainsi les poissons cavernicoles sont capables de repérer leurs proies et d'éviter les obstacles. Les aphaenops, qui occupent les fissures, se dirigent grâce à de longues antennes. On trouve aussi un batracien, le protée, doté de branchies comme les poissons et de poumons comme nous pour respirer à la surface. Pendant les trois premières années de sa vie, ses yeux inutiles se recouvrent de peau pour disparaître totalement, le laissant aveugle. Heureusement, il se repère bien à l'odorat, est sensible aux vibrations et dispose d'une bonne mémoire.

Protée

Poissons cavernicoles

L'Asie

Avec 44 millions de km², l'Asie est le plus étendu des continents. Au nord s'étend la Sibérie, au climat rude. La toundra et la taïga y sont prédominantes. Le centre est occupé par des déserts limités au sud par les chaînes montagneuses du Karakoram, les monts du Pamir et la plus haute chaîne de montagnes du monde, l'Himalaya. Au sud et surtout au sud-est, il pleut beaucoup : c'est l'Asie des moussons. Du sud de la Chine aux Philippines et en Indonésie (un archipel de plus de 3 000 îles), le climat est équatorial. Rien d'étonnant à ce que l'on croise des espèces aussi variées que l'élégant tigre, le dangereux serpent des palétuviers ou encore le timide panda.

Le mangeur de bambou

Le grand panda consomme près de vingt et une espèces de bambous différentes.

Les montagnes du sud-ouest de la Chine cachent un ours noir et blanc : le grand panda. C'est aujourd'hui l'un des animaux les plus rares de la planète, puisqu'il en reste à peine sept cents à l'état sauvage et un peu plus d'une centaine dans les zoos. Pour cette raison, il est devenu le symbole du Fonds mondial pour la protection de la nature (WWF).

En 1869, le père Armand David, un jésuite en voyage en Orient, trouve plusieurs peaux d'ours chez un riche Chinois qu'il envoie au Muséum de Paris. C'est la première fois que l'on découvre l'existence du grand panda. Depuis, l'ours bicolore, comme l'avait baptisé le prêtre, est connu du monde entier. Pourtant, il est tellement discret que peu de scientifiques ont pu étudier son comportement à l'état sauvage.

Un panda miniature !

À côté du solide grand panda, il existe un autre ours à la robe dorée et éclatante que l'on rencontre du Népal au sud de la Chine. Il est court sur pattes et pèse moins de 10 kg. Il a le même régime alimentaire que son cousin : feuilles et pousses de bambou. De temps en temps, il recherche au sol des fruits mûrs, des racines, quelques insectes et des oisillons. Il porte le nom de petit panda.

Un géant tranquille

Impressionnant, le panda atteint 160 kg et mesure jusqu'à 1,80 m debout. Plutôt timide, il s'enfuit en présence d'un étranger, se réfugie parmi les bambous ou grimpe rapidement à un arbre. Jeune ou adulte, il se balance avec plaisir suspendu aux branches.

Un ours végétarien

Le grand panda fréquente les bambouseraies des forêts de conifères des montagnes du Sichuan. Trop lent pour capturer une proie, il est devenu végétarien au cours des siècles ; il possède pourtant une dentition aussi puissante que celle des autres ursidés. Il passe 12 à 14 heures par jour à engloutir plus de 18 kg de tiges et de feuilles de bambou. Si l'occasion se présente, il s'empare d'un rat mort, de quelques insectes et de petits oiseaux.

Des amours fugaces

En général, le panda évite les rencontres avec ses congénères… à l'exception de la saison des amours, au mois d'avril. Postés sur une hauteur, les mâles appellent les femelles en bêlant, meuglant ou grognant. Après quelques attitudes de séduction, les couples se forment. Deux à trois jours plus tard, ils se séparent et chacun repart de son côté.

Bébé panda est 700 fois moins lourd que sa mère. Constamment aux petits soins, la maman ne quitte jamais sa progéniture et l'allaite pendant six mois.

Bébé panda deviendra grand

En septembre, après quatre mois et demi de gestation, la femelle donne la vie à un bébé dans sa tanière au creux d'un arbre. Bébé panda grandit vite : d'une centaine de grammes à la naissance, il pèse déjà 1 kg à un mois, et 35 kg à un an. Dégourdi, le jeune sait marcher à cinq mois. Sa mère le câline beaucoup et le défend contre les ennemis (loup, panthère et ours brun) jusqu'à ce qu'il se débrouille seul, à l'âge de trois ans.

Cerclés de fourrure noire, les yeux du panda sont beaucoup plus petits qu'il n'y paraît à première vue.

Par chagrin

Une légende chinoise raconte qu'autrefois les pandas étaient tout blancs. Un jour, ils allèrent aux obsèques d'une petite fille. En signe de deuil, ils prirent de la cendre dans leurs mains. Pendant la cérémonie, ils se frottèrent les yeux pour essuyer leurs larmes, s'entourèrent de leurs bras pour se réconforter et se bouchèrent les oreilles pour ne plus entendre les pleurs. Voici pourquoi aujourd'hui les pandas sont blancs et noirs.

Les forêts tropicales

Grâce au climat chaud et humide des régions tropicales et équatoriales d'Asie, les plantes des forêts donnent fleurs et fruits en abondance toute l'année. La voûte, les arbustes et le sol offrent des milieux si différents qu'on y surprend aussi bien un loris installé au creux d'une branche qu'un paon en pleine parade nuptiale.

Le calao
Cet oiseau énorme, au bec surmonté d'une protubérance osseuse (ou "casque"), vit à la cime des arbres. Il installe son nid à plus de 18 m dans la cavité d'un tronc. La femelle s'emmure avec de la terre et du bois décomposé, qu'elle cimente de ses fientes, ne laissant qu'un petit passage par lequel le mâle la nourrit. Elle y reste deux mois, à l'abri des singes et des serpents.

La fauvette couturière
Cette championne de couture plie une ou plusieurs feuilles, perce les bords à l'aide de son bec et les couds ensemble avec des fibres ramassées de-ci de-là, ou avec du fil de toile d'araignée. Dans le cornet, elle installe son nid fait de duvet, fibres, plumes, laine de mouton et poils de divers animaux !

Le martinet
Au-dessus de la voûte végétale, des colonies de martinets chassent les insectes. Les salanganes comptent parmi les plus petits. Ils construisent un nid de salive durcie, en forme de bénitier, qu'ils collent à une paroi. Très recherché par les gastronomes chinois, ce nid sert à la préparation de potages. À Bornéo, la salangane à croupion brun chasse à plus de 200 m au-dessus de la forêt !

Un Spiderman tropical

Les doigts du tarsier sont terminés par des pelotes, les ventouses, très pratiques pour attraper les insectes ou s'accrocher aux branches. Sa queue rugueuse, plaquée le long du tronc, l'aide aussi à se maintenir. Ainsi, même en plein sommeil, le tarsier reste agrippé aux arbres en position verticale !

Le tarsier
Ce singe primitif n'est pas plus lourd que deux balles de tennis : entre 100 et 130 g. Ses 12 cm ne l'empêchent pas de bondir d'une branche à l'autre à plus de 2 m ! Ses yeux, placés sur le devant de la tête, apprécient bien les distances et pèsent 3 g, soit autant que son cerveau ! Dès que le soleil se couche, il part à la recherche de criquets, lézards, oiseaux et même de serpents venimeux.

Le paon bleu
Cet oiseau farouche se cache dans les fourrés au moindre danger. Il ne vole que pour aller passer la nuit dans les grands arbres. Pour séduire sa belle, il fait la roue en relevant les longues plumes de sa queue qui atteignent 1,50 m.

Bon sang !

Les loris se suspendent très longtemps aux branches, par les mains ou par les pieds, sans aucune fatigue. Car, contrairement aux autres mammifères, lorsque leurs muscles sont contractés, ils ne compriment pas les veines. Les toxines, principale cause de la fatigue musculaire et des crampes, sont ainsi toujours éliminées par le sang.

Le loris grêle
Le jour, il dort roulé en boule dans un arbre creux ou appuyé à un tronc.
À la nuit tombée, il se déplace lentement et en silence, recherchant fleurs, feuilles, fruits, insectes, œufs et lézards.

Le toupaye
Ancêtre du tarsier et du loris, il existait déjà il y a 70 millions d'années. Pendant la journée, il se nourrit de fruits, d'insectes, d'œufs et d'oiseaux qu'il tient dans la main pour les déguster. L'espèce commune vit seule ou en couple.

L'aigle des singes
Il ressemble à un indien avec ses plumes de 9 cm hérissées sur la tête ! Il capture surtout des macaques et surprend de temps en temps un mâle calao en train de nourrir sa femelle.

Les voltigeurs d'Asie

Accrochés à une liane, ils se balancent, s'élancent dans le vide et se rattrapent à une autre branche, avec habileté et élégance. Ces voltigeurs équilibristes, véritables "tarzans" des forêts tropicales d'Asie, passent leur temps dans les arbres.

Le macaque rhésus
Ce macaque, le plus commun, aime l'eau et nage très bien. Végétarien et omnivore, il se nourrit de feuilles, fruits, graines, écorce, insectes, petits animaux et œufs. Dans les forêts, il vit en groupe de 10 à 30 individus, dont plusieurs mâles dominants. Si le territoire de deux clans se chevauche, la troupe dominée cède sa place à la dominante. Dans le nord de l'Inde, de nombreux macaques vivent dans les villes.

Artiste

Au siècle dernier, les joueurs d'orgue de Barbarie prenaient pour partenaire des macaques qui avaient la charge de ramasser les pièces de monnaie !

Le macaque à queue-de-cochon
De grande taille, il pèse jusqu'à 9 kg. Pour saluer les autres singes, il fait une moue très particulière : il relève la tête et les sourcils, regarde son partenaire en louchant et avance très loin les lèvres !

Le gibbon
Il ne dépasse pas 85 cm et ses bras sont beaucoup plus longs que ses jambes. Il se déplace avec souplesse à une vitesse surprenante : il avance en se suspendant de branche en branche, d'une main, de l'autre, balançant son corps de façon très régulière. Si besoin est, il bondit à plus de 15 m d'un arbre à un autre.

Le siamang
Il appartient à la famille des gibbons. Il vit dans les forêts montagneuses de Sumatra et de Malaisie, jusqu'à 3 000 m d'altitude. Comme ses cousins, le siamang se nourrit de fruits et de feuilles, d'insectes et d'œufs.

Véritables cornemuses

Le siamang est un chanteur exceptionnel. Mâle et femelle portent un grand sac vocal dilatable au niveau du larynx qui renforce la puissance de leur voix. L'air, aspiré avec un bruit d'explosion, est expiré par la bouche en un cri mélodieux qui dure le temps que le sac se dégonfle.

L'entelle
Champion du saut, il franchit jusqu'à 4 m horizontalement et 12 en oblique ! Il se rattrape en écartant les pieds et les mains pour mieux saisir les branches. C'est un singe paisible, surtout quand la nourriture, qu'il cherche aussi bien à terre que dans les arbres, est abondante. Comme les ruminants, il a un estomac à poches qui lui permet de digérer d'énormes quantités de feuilles ; les bactéries présentes à l'intérieur de ces poches éliminent les substances toxiques de certains végétaux !

L'ermite de la forêt

L'orang-outan, le plus mystérieux des grands primates, mène une vie solitaire et secrète dans les jungles de Bornéo et de Sumatra, deux grandes îles d'Indonésie. Depuis 1930, ses populations diminuent – moins de 30 000 individus aujourd'hui – en raison de son commerce et de l'intense déforestation. Que deviendront les “hommes des forêts” si on les prive de leurs arbres ?

Couvert d'un pelage roux aux longs poils peu fournis, l'orang-outan est le plus gros singe arboricole de la planète : un mâle adulte peut atteindre 100 kg pour une taille d'environ 1,50 m ; plus petite, la femelle ne pèse pas plus de 50 kg. Leurs bras sont démesurés : plus de 2 m de long !

L'orang-outan ne descend pratiquement jamais au sol.

Effets du pouvoir !

À la mort du dominant, son successeur se transforme : il double de volume, son pelage s'épaissit et sa barbe devient plus touffue. La poche située sous sa gorge, sorte d'énorme double menton, et les bourrelets qui encadrent ses joues, appelés disque facial, lui permettent d'émettre un cri puissant. Ce "grand appel", qui porte à plusieurs kilomètres, attire les femelles en période de rut ou prévient les autres mâles de la présence d'un intrus.

Une vie entière dans les arbres

Grand consommateur de fruits – durian, mangue, litchi, figue et mangoustan –, l'orang-outan connaît par cœur l'emplacement des arbres fruitiers ! Pour se déplacer de l'un à l'autre, il s'accroche avec ses mains et ses pieds. Mais il ne parcourt pas plus de 1 km par jour, car il aime passer de longs moments à mastiquer. Pour savoir si un fruit est comestible, il n'a nul besoin d'y goûter : il l'inspecte avec soin, le palpe, le renifle et, selon l'état, le croque ou le jette. Il complète son régime alimentaire de divers végétaux, sève de certaines essences, racines, orchidées… et ajoute de la terre pour les sels minéraux.

Une complicité unique

À sa naissance, le bébé orang-outan est minuscule : il ne pèse que 1,5 kg. Il est totalement dépendant de sa mère qui vit seule à l'écart des mâles. Jusqu'à 3 ans, il se nourrira de son lait. Son plus sérieux prédateur, un gros cochon sauvage appelé babi hutan, attaque et dévore les jeunes imprudents qui se baladent sur le sol. En observant sa mère, le jeune orang-outan apprend à reconnaître environ 400 fruits et végétaux différents. Il ne la quitte définitivement que vers 9 ou 10 ans, lorsqu'il s'aventure seul dans la forêt.

La force d'un orang-outan est égale à huit fois celle de l'homme !

Solitaire, le mâle adulte ne s'associe à une femelle que les trois à quatre jours de la période de reproduction. C'est à elle que revient la charge des enfants.

Un lit sur mesure

L'orang-outan aime le confort ! Lorsque la fatigue se fait sentir, il construit un abri à environ 20 m du sol : il casse d'abord plusieurs branches pour tresser une plate-forme, puis en plie d'autres qu'il garnit de lianes, feuilles et brindilles en guise de matelas.

Les singes anthropoïdes

On les appelle anthropoïdes ou anthropomorphes car ils sont proches de l'homme : ils peuvent marcher debout, ont un cerveau développé et ne possèdent pas de queue. L'Afrique compte le gorille et le chimpanzé ; l'Asie, l'orang-outan et le gibbon, le plus petit des singes anthropoïdes.

À l'abri dans les taillis

Les fourrés denses entourés de clairières aux herbes hautes abritent de grands mammifères herbivores aux comportements très différents. Buffles bagarreurs, cerfs farouches ou sangliers irascibles : à chacun son caractère et son tempérament.

Le banteng
Il préfère les forêts marécageuses, parsemées de clairières, où il se nourrit de graminées, de pousses et de rameaux de buissons. Malgré son aspect pataud, il est agile et rapide : le croisement d'un banteng et d'un zébu donne la vache la plus rapide du monde, capable de courir à 70 km/h !

Le gaur
Massif et imposant, il mesure 1,80 m et dépasse parfois la tonne. Timide, il vit en petits groupes formés d'un ou deux mâles, de femelles et de leurs veaux. Pour défendre son petit contre un prédateur, la femelle attaque à grands coups de corne l'intrus aux flancs. Les vieux mâles vivent en solitaire, loin des troupeaux. Jadis abondant, le gaur ne subsiste plus que dans les réserves et les parcs nationaux. Il existe aussi à l'état domestique, sous le nom de gayal.

Le buffle de l'Inde
Domestiqué depuis 5 000 ans, il est devenu très rare à l'état sauvage. Adorant l'eau, il pâture dans les zones marécageuses. Il se protège du soleil grâce aux hautes herbes et se roule dans la gadoue pour se rafraîchir. Il en ressort couvert d'une carapace de boue qui le protège des insectes. Domestiqué, le buffle de l'Inde tire charrues et chariots et fournit aux hommes du lait et de la viande.

Le babiroussa
C'est un porc sauvage, pas un ruminant. Sa peau presque nue et plissée, sa petite tête et son dos voûté le différencient d'un sanglier. Chez les mâles, les canines supérieures sont très longues (jusqu'à 42 cm) et recourbées, et elles sortent de leur museau.

Le sanglier pygmé

Ce sanglier, appelé aussi sanglier nain car il a la taille d'un lièvre, habite les forêts en bordure de l'Himalaya. Belliqueux, il mord son adversaire de ses canines pointues et lui inflige de profondes blessures.

Le sambar
Il ressemble au cerf d'Europe avec des bois plus simples. C'est le plus grand des cervidés et il pèse jusqu'à 315 kg. Effrayé, il émet un fort sifflement et s'enfuit la queue dressée.

La vache !

Les plus petits bovins du monde sont l'anoa des Célèbes qui ne dépasse pas un mètre au garrot, et le tamarau de l'île de Mindoro aux Philippines, à peine plus grand. Ces deux espèces, menacées de disparition, vivent dans les zones humides.

Le muntjac
Ce petit cerf aime se cacher dans les broussailles. Ses canines supérieures, très longues et recourbées, dépassent de ses lèvres. Il vit en solitaire ou en couple. En cas de danger, ou à la saison des amours, il lance un aboiement sonore qui ressemble à celui du chien.

Les chats de la jungle

Avec leur joli minois et leur pelage si soyeux, on a envie de les caresser ! En fait, ces félins, solitaires et silencieux, sont réputés pour leurs facultés d'adaptation et leurs impitoyables stratégies de chasse.

Record mortel

La panthère de Rudraprayag est tristement célèbre : entre 1918 et 1926, elle dévora plus de 125 hommes, avant d'être tuée par Jim Corbett, un officier de l'armée britannique.

La panthère

Puissante et athlétique, la panthère (appelée aussi léopard) court, saute, nage et grimpe aux arbres, dans lesquels elle vit la plupart du temps. Peu exigeante, elle occupe tous les milieux qui lui offrent du gibier et de l'eau. On la trouve dans les forêts tropicales, les savanes sèches d'Afrique, les forêts froides de la région de l'Amour, en plaine ou en montagne. Opportuniste, elle chasse ce qui se présente : singes, oiseaux, serpents, poissons et animaux domestiques, comme les chiens aux abords des villages (*voir p. 78-79*). Une panthère âgée, blessée ou affamée peut s'attaquer à l'homme.

La panthère longibande

Malgré son nom, c'est plutôt un grand chat d'une vingtaine de kilos, qui ressemble au chat marbré. On la rencontre du Népal au sud de la Chine, à Java, Sumatra et Bornéo. Véritable équilibriste, elle passe son temps dans les arbres à poursuivre écureuils, oiseaux et singes. Elle capture aussi de jeunes sangliers et de petits cerfs. Très agile, elle grimpe facilement et se suspend aux branches ventre en l'air.

La panthère des neiges, ou once

Son pelage clair lui permet de résister au froid intense qui règne dans l'Himalaya et de se confondre avec son habitat. C'est la plus grosse et la plus puissante des panthères. Vivement recherchée comme trophée de chasse, elle est maintenant protégée par la Convention sur le commerce international des espèces en voie de disparition.

Le chat pêcheur, ou viverrin
Il habite au bord des rivières, dans les mangroves ou les marécages. Couché sur un rocher, il attrape les poissons et les mollusques d'eau douce de ses griffes pointues et ne refuse pas pour autant petits mammifères, serpents et crabes. Il mesure 1,10 m pour 9 kg.

Le chat marbré
C'est le plus élégant : un peu plus grand que notre chat domestique, il porte de grandes taches cerclées de noir sur ses flancs, d'où l'aspect marbré de sa fourrure. On le rencontre du Népal à la Birmanie et à Bornéo où il passe ses journées perché dans les arbres.

Le chat des marais, ou chaus
Il habite les zones marécageuses, mais aussi les zones broussailleuses des régions sèches et les champs cultivés. Canards, perdrix, parfois même un jeune agneau, un serpent ou une grenouille, figurent à son menu.

Le chat du Bengale
Avec ses grosses taches noires arrondies, il ressemble à une panthère miniature. Il chasse les rongeurs, les oiseaux, parfois les très jeunes faons, la nuit, dans les régions boisées. Il mesure 90 cm pour 7 kg.

Question de peau

Le jaguar a une fourrure parsemée de rosettes. Ces taches noires sont disposées en polygone, lequel est orné d'un ou de plusieurs points noirs. Le ventre, les pattes et la tête portent des taches pleines. La panthère possède aussi des rosettes, mais plus petites et sans point noir au centre. Le dos de ses oreilles est marqué d'une tache blanche sur fond noir. Chez le jaguar mélanique et la panthère noire, le fond de la fourrure devient très foncé, presque noir, car le poil accumule un pigment, la mélanine. Sous un bon éclairage, il est encore possible d'y distinguer les rosettes.
Le guépard se reconnaît à ses taches noires et pleines, et aux larmiers, c'est-à-dire aux deux traits noirs qui descendent sous chacun de ses yeux.

Une forêt aquatique

Forêt sur la mer, la mangrove est un univers unique au monde. Ses arbres, les palétuviers, s'accommodent du sel, du sable, de la vase et des inondations causées par les marées. Une faune aux mœurs étonnantes parvient à survivre dans ce labyrinthe végétal.

Le **martin-pêcheur** à collier roux, chasseur d'insectes et de petits poissons, creuse une galerie sur les berges sablonneuses pour y mettre sa progéniture à l'abri.

Le **périophtalme**, ou poisson marcheur, vit autant sur terre que dans l'eau. Avec sa grosse tête et ses yeux saillants, très utiles pour repérer les intrus, l'avant de son corps rappelle plutôt celui d'une grenouille. Ses nageoires pectorales allongées lui servent de "pattes" pour ramper ou sautiller sur la vase et, à marée haute, pour grimper sur le tronc des palétuviers.

Le **crabe violoniste** utilise son immense et unique pince pour impressionner et attirer une femelle. Même s'il menace son adversaire en agitant son appendice, il se bat rarement.

La mangrove est le repaire de nombreux serpents. Le **serpent des palétuviers** se nourrit surtout d'oiseaux. Bien qu'appartenant à la famille des couleuvres, il est doté d'un venin puissant, extrêmement dangereux. On croise aussi la couleuvre aquatique et la paresseuse vipère de Wagler qui se repose pendant des heures sans bouger dans le feuillage des arbres.

Avec son énorme nez flasque, le **nasique** mâle ne peut se confondre avec aucun autre singe (celui des femelles est plus discret et celui des jeunes, en trompette). On ne sait pas encore à quoi sert cet encombrant "nez concombre", puisque le mâle est obligé de l'écarter pour manger !

Bien équipé !

Certains nasiques ont les pieds palmés : ils se déplacent plus aisément dans la boue et nagent plus vite.

Parmi les oiseaux, on peut voir des échassiers comme l'ibis tantale, la **cigogne blanche** à la queue noire et au bec jaune (ci-dessus), plutôt silencieuse, qui construit un nid volumineux pour ses petits.

Le **macaque crancivore** vit dans les arbres. À marée basse, il poursuit ses proies jusque dans la boue. Lorsqu'il déniche un crabe, il le tue à coups de caillou par exemple, pour briser sa carapace et manger sa chair.

Le **poisson archer** tue ses ennemis... en crachant ! Il abat d'un jet d'eau puissant les insectes imprudents qui se reposent au-dessus de l'eau, sur une plante ou sur une feuille.

Dans les forêts humides

Les reptiles et les amphibiens sont des animaux dont la température corporelle change en fonction de celle de leur milieu. Ils trouvent donc des conditions de vie idéales dans les forêts tropicales d'Asie, où le temps varie peu dans une journée, et même tout au long de l'année.

Les reptiles et les amphibiens arboricoles (qui vivent dans les arbres) ont développé des armes pour se déplacer aisément. Ainsi, les serpents possèdent un corps effilé avec des écailles anguleuses sur le ventre qui leur permettent de s'accrocher à l'écorce des arbres ; geckos et grenouilles portent des disques adhésifs au bout des pattes ; enfin, certains sont capables d'étendre de véritables "ailes" pour s'élancer d'un tronc à l'autre.

Le lézard arlequin
C'est le lézard arboricole le plus commun. Comme les caméléons, il change de couleurs au gré de ses humeurs, à une vitesse surprenante. Ainsi, lorsqu'il est effrayé, il devient brun noir en quelques secondes ! Pendant la saison des amours, les lèvres et la gorge du mâle prennent une couleur pourpre d'où son surnom de "suceur de sang".

La vipère de Russel
C'est le serpent qui sécrète la plus grande quantité de venin. Ses crochets venimeux mesurent 1,60 cm. Fouisseuse, cette vipère se nourrit de petits mammifères.

Le crotale de Wragler
Il peut enrouler sa queue autour d'une branche pendant qu'il cherche à atteindre une autre branche. Son venin est mortel pour les lézards, les oiseaux et les petits mammifères, mais inoffensif pour les grands.

La grenouille volante
Comment freiner sa chute quand on décide de tomber sur le sol ? La grenouille volante a trouvé la solution : elle écarte ses longs doigts palmés qui, à la manière d'un parachute, lui permettent de planer à plus de 15 m.

Le dragon volant
Dans les cimes, ce lézard aime à réchauffer son corps frêle au soleil. Ses côtes, très allongées, portent des "ailes" (ou membranes) qui s'écartent de son corps et lui permettent d'effectuer des vols planés de 20 m !

Le python réticulé
Il ne possède pas de venin et tue ses proies – de petites antilopes, quelques oiseaux et rongeurs – par étouffement, en les enserrant dans ses puissants anneaux. C'est l'un des plus grands serpents du monde puisqu'il atteint 10 m de long et pèse jusqu'à 100 kg. Il détient aussi le record du serpent le plus lent : il avance à 1 km/h ! La femelle pond plus de 100 œufs et les couve en s'enroulant autour.

Le tokay
Comme tous les geckos, il grimpe les parois les plus abruptes. Grâce à ses pattes, pourvues de coussinets adhésifs aux cellules crochues, il s'agrippe aux aspérités les plus petites. Tel le chat qui utilise ses griffes pour monter aux arbres, pour avancer le tokay détache ses "griffes miniatures" et les enfonce plus loin.

Un radar près de l'œil

La vision n'est pas le point fort du serpent ! En revanche, certaines espèces (notamment les crotalidés, les pythons, les boas…) possèdent un sixième sens. Grâce à des "fossettes thermosensibles" qui repèrent tout écart de température, ces serpents localisent les proies passant à proximité.

Animal à sang chaud vu par un serpent.

Animal à sang froid vu par un serpent.

Le cobra royal
C'est le plus grand des cobras et des serpents venimeux puisqu'il dépasse fréquemment les 5 m ! Son venin, très toxique, tue un homme en un quart d'heure. Heureusement, il se nourrit exclusivement d'autres serpents.

Mers et océans

Mers et océans couvrent 70 % de la Terre, d'où son surnom de "planète bleue". Leur profondeur moyenne est de 4 000 m, plus de 10 000 m pour la fosse la plus profonde. C'est un monde de ténèbres où la lumière nécessaire à la vie ne pénètre plus au-delà de 200 m. La pression, la température et la teneur en sel créent des conditions de vie difficiles, d'autant que ces éléments varient d'un endroit à l'autre. Pourtant, toutes les formes, toutes les tailles et toutes les couleurs existent dans le milieu marin, du plancton microscopique à la baleine géante, trois fois plus grosse qu'un dinosaure, sans oublier les crabes ou les poissons des grands fonds !

Sur les plages

La mer est infatigable, elle ne cesse de monter et de descendre. Ce phénomène conditionne la vie des animaux des bords de mer, qui doivent résister à l'émersion et à la dessication. Aussi, chaque espèce met-elle à profit le mouvement régulier des marées pour se nourrir… ou se cacher !

Les côtes sableuses paraissent désertes, pourtant il y a foule sous nos pieds ! Difficile de débusquer les coquillages : l'arénicole ①, ou ver de mer, disparaît au fond de son terrier en forme de U, le couteau ② utilise son "pied" musclé pour s'enfoncer rapidement dans le sable en cas de danger. Seules les coques ③ restent assez près de la surface et les palourdes ④ laissent dépasser leurs siphons pour respirer. Attention tout de même aux petits échassiers : courlis cendré, chevalier gambette, avocette... arpentent le rivage et fouillent le sable de leur long bec pour les déloger.

Sur les plages exposées, la brutalité des vagues oblige mollusques et crustacés à s'accrocher. Les balanes, très tenaces, couvrent parfois des rochers entiers, et les moules s'attachent en grappe - on en compte jusqu'à 2 000 au m^2 - grâce à un ensemble de filaments sécrétés par une glande située sur le pied du mollusque, appelé byssus. Tout ce petit monde attend la marée haute pour s'activer. Tu verras la patelle brouter les petites algues collées aux rochers et vite revenir à la même place avant que la mer se retire. Les crabes jusqu'alors enfouis sortent de leur cachette, car les oiseaux de rivage ne peuvent plus les capturer lorsque les eaux sont montées. Dans les flaques où ils cherchent leur nourriture, tu surprendras fréquemment des crabes enragés ⑤ (ou crabes verts). S'ils se retrouvent à plusieurs autour d'une même proie, ces crabes se menacent en écartant et en ouvrant leurs pinces.

Les falaises, plus difficiles d'accès, sont le royaume des oiseaux de mer. Mouettes, goélands, cormorans, fous de Bassan, pétrels... s'y installent en colonies bruyantes. Au printemps, ils sont des milliers à nicher et à s'y reproduire.

"Ouvre-coquille"

Malgré son nom, l'huîtrier-pie ne mange pratiquement pas d'huîtres. Il leur préfère les moules et les coques qu'il ouvre en insérant son bec entre les deux valves de la coquille. Pour les plus coriaces, il frappe dessus avec son bec !

Association

Le Bernard-l'Ermite (6), qui a un abdomen mou, est dépourvu de carapace. Pour se protéger, il occupe la coquille d'un autre mollusque mort. Le grand Bernard-l'Ermite installe lui-même sur sa coquille une anémone très venimeuse : celle-ci profite des restes de son repas et dissuade ses ennemis, poulpes ou seiches, grâce à des filaments urticants.

Que de pieds !

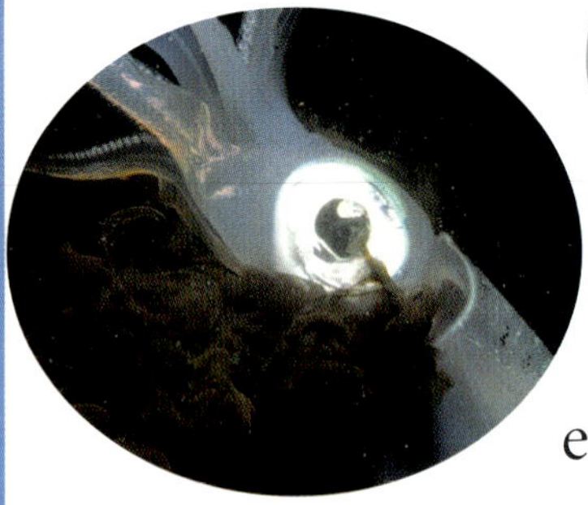

Calmars, seiches, pieuvres et nautiles sont des mollusques céphalopodes (ce qui signifie "qui ont les pieds autour de la tête"). Mais, au cours de l'évolution, leurs "pieds" ont subi quelques modifications et se sont transformés en tentacules puissants, garnis de ventouses…

De nombreuses expériences scientifiques ont démontré que ces céphalopodes, notamment le poulpe, étaient dotés d'un cerveau et d'un système nerveux plus développés que chez les autres mollusques. Leurs aptitudes sont nombreuses. Contrairement aux autres espèces, comme les bigorneaux qui sont très lents ou les moules et les huîtres qui restent pratiquement immobiles, les céphalopodes se déplacent rapidement. Ils se propulsent par réaction : ils laissent entrer l'eau dans leur corps par les branchies grâce à un orifice appelé entonnoir, et la rejette en arrière par un siphon. Chez la seiche, une membrane le long du corps ondule pour aider au déplacement. Cette rapidité en fait deş prédateurs efficaces et adaptés. Leurs yeux, grands et perfectionnés, repèrent aisément les proies (chez la seiche, on compte 70 millions de cellules visuelles, plus que l'homme qui en possède 50 millions !), qu'ils saisissent à l'aide de leurs tentacules. Leur bouche, située au centre, est munie d'une mâchoire cornée qui ressemble à un bec et d'une langue râpeuse capable d'écraser les carapaces de crustacés et les crânes de poissons. En cas de danger, ils expulsent une matière brun foncé, l'encre, sécrétée par une glande située près de leur tube digestif. Cette encre les dissimule et perturbe les sens de leurs ennemis.

La seiche
Elle reste souvent tapie dans le sable, à l'affût des crevettes qu'elle adore. Elle est capable de dévorer poissons et crabes presque entiers. Sa coquille interne, plus connue sous le nom "d'os de seiche", est très commune sur les rivages. Ses œufs, posés sur des zostères et autres plantes marines, ressemblent à des grappes de raisin noir.

Le poulpe commun
Il habite les fonds rocheux de l'océan Atlantique, de la Manche et de la mer Méditerranée. Immobile entre les pierres, il guette les crabes, les langoustes et les mollusques. Cet animal est très évolué : il sait se repérer dans un labyrinthe et réagit aux formes et aux couleurs.

Le calmar géant
En examinant le contenu d'estomacs de cachalots, on sait qu'il existe des calmars dont le corps mesure 10 m de long avec des tentacules de 15 m. Cette taille suppose un poids de plusieurs tonnes ! Heureusement, ils vivent caché dans les profondeurs. Une espèce, qui paralyse ses proies d'une morsure venimeuse, est capable de tuer un homme.

Le calmar
Comme la seiche, il possède huit tentacules courts et deux longs qu'il utilise pour saisir ses proies. Prédateur redoutable, le calmar d'Europe fonce au milieu des bancs de maquereaux et saisit les poissons derrière la tête avant de les dévorer.

Coquille perdue

Les ancêtres des céphalopodes ressemblaient à des escargots. Ils possédaient une coquille formée de loges successives remplies de gaz, qui leur permettaient de flotter.
Chez le nautile, cette coquille enroulée externe subsiste ; chez la seiche, la coquille est réduite à un "os de seiche" rempli de gaz ; chez le calmar à une lame cornée ; et chez le poulpe, elle est tout simplement absente.

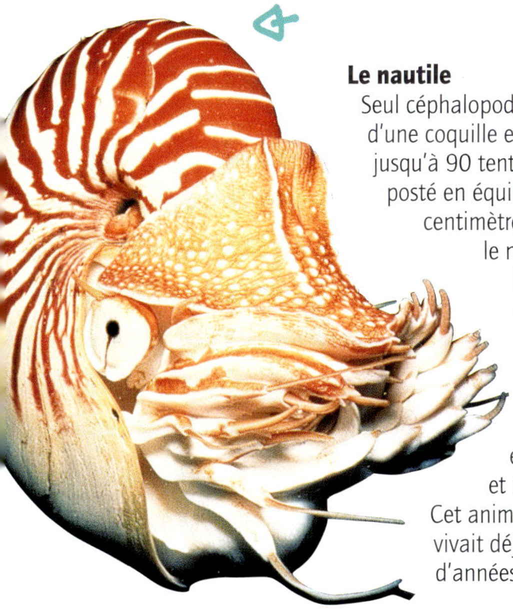

Le nautile
Seul céphalopode muni d'une coquille externe, il porte jusqu'à 90 tentacules qu'il agite, posté en équilibre à quelques centimètres du fond ! Astucieux, le nautile n'occupe que la dernière loge de sa coquille et se sert des autres comme d'un "ascenseur" : grâce à un tube, il les remplit d'eau pour s'alourdir et plonger jusqu'à 400 m, et remonte en aspirant l'eau. Cet animal des eaux tropicales vivait déjà il y a 400 millions d'années !

Démonstration

Déjà au Ier siècle avant notre ère, le naturaliste romain Pline raconte, dans son livre *Histoire naturelle*, la découverte d'un calmar géant dont la tête avait la taille de quinze amphores. Pourtant, ce n'est qu'au XIXe siècle que les naturalistes confirmèrent l'existence d'une espèce géante. Actuellement, le record pour un spécimen vivant est détenu par un calmar capturé en 1933 près de la Nouvelle-Zélande : son corps mesurait 8 m de long et ses tentacules 14 m !

Heureux... comme un poisson

Sur les 25 000 espèces de poissons, près de 60 % vivent dans les océans et occupent des niches écologiques multiples. Ils présentent une grande variété de formes : leur corps s'allonge comme celui d'un serpent, se comprime pour ressembler à un ruban, se dilate, s'arrondit, s'aplatit et porte les appendices les plus curieux. Voici quelques portraits !

Maquereau

Poisson-volant

La fuite devant l'ennemi

Certaines espèces ont des capacités nautiques étonnantes. Ainsi, le thon blanc ou le maquereau sont des nageurs rapides : leur dos vert foncé ou bleu les rend invisibles vus du haut, tandis que leur ventre blanc les camoufle vus du bas. Le voilier, un cousin de l'espadon long de plus de 3 m, atteint facilement 100 km/h. Quant au poisson-volant, il bondit hors de l'eau et plane sur quelques mètres. Dès que sa vitesse diminue, il plonge sa queue dans l'eau l'agite et s'élance de nouveau.

Voilier

Dragon de mer

Carrelet

Rois du camouflage

La plupart des poissons de fond, comme le turbot ou la plie, nagent lentement et sont plus vulnérables. Pour passer inaperçus, ils prennent la couleur du fond. Un hippocampe d'Australie, le dragon de mer, porte sur le corps de longues membranes ressemblant à des feuilles qui le rendent invisible parmi les bouquets de varechs et de goémons.

Grande vive

Des armes pour se défendre

Dans le milieu marin, les dangers sont partout. Pour se protéger, chacun y va de sa ruse ! La petite vive s'enfonce dans le sable, laissant dépasser les redoutables épines venimeuses de ses nageoires. L'uranoscope, camouflé dans les fonds sablonneux, porte de chaque côté de sa tête une épine à venin qui perfore les poissons trop curieux. Si l'imprudent s'approche, une bonne décharge électrique le remet en place ! Le poisson globe, ou diodon, est le plus remarquable : en se gonflant d'air ou d'eau, il dresse des épines menaçantes.

Diodon

Uranoscope

Murène

Poisson-scie

Partenaires

Le poisson-pilote ne pilote pas le requin, mais récupèrent ses restes de repas et chevauche sa lame d'étrave. Le rémora, ou poisson ventouse, se colle au requin au moyen de son disque adhésif. Il s'offre ainsi des parcours gratuits, agrémentés de collations lors des repas du requin. Certains poissons nettoyeurs, les labres ou les blennies, accompagnent les poissons plus gros qu'ils débarrassent de leurs parasites. Ils ne sont pas mangés, même s'ils pénètrent dans la bouche de leur hôte !

La chasse

Les poissons déploient de nombreuses stratégies pour se remplir le ventre ! Le poisson-scie, 7 m de long pour 700 kg, assomme ses victimes avant de les dévorer : il repère un banc de mulets ou de sardines, s'en approche et donne de violents coups de tête qui déchirent ses proies. Sa scie dépasse souvent 2 m et représente le tiers de sa longueur ! Quant à la murène et au congre, dissimulés dans un trou de rocher, ils passent leur temps à guetter d'éventuelles victimes et s'élancent rapidement dès qu'elles arrivent à proximité. Ils s'attaquent surtout aux poissons, mais ne dédaignent pas les crabes ou les homards, notamment en période de mue lorsqu'ils sont plus tendres ! Enfin, certaines espèces sont dotées de venin : la murène, par exemple, inflige de dangereuses morsures car sa salive facilite l'infection des blessures.

Congre

Les dents de la mer

Apparu sur Terre il y a environ 350 millions d'années, le requin a colonisé toutes les mers du globe (sauf en Antarctique) et toutes les profondeurs. Ces facultés d'adaptation lui ont permis de devenir le prédateur marin le plus redouté.

Grand requin blanc

Un nageur infatigable

Animal fuselé et puissant, le requin nage en ondulant son corps à l'aide de sa queue puissante et se stabilise grâce à son aileron. Il possède un squelette cartilagineux assez léger et, contrairement aux poissons osseux, est dépourvu de vessie natatoire. Néanmoins, son foie de taille importante, riche en huile, et ses tissus moins denses lui permettent de flotter. Sa rapidité varie d'une espèce à l'autre : 2,5 km/h pour un requin bouledogue en vitesse de croisière et 69 km/h en vitesse de pointe pour un requin peau bleue.

Des sens développés

Le requin est très sensible à la lumière. Sa rétine possède un tapis de plaquettes qui agissent, tels des miroirs, sur ses cellules visuelles et ses yeux brillent dans la nuit comme ceux des chats. Sur sa peau et dans l'oreille interne, une multitude de cellules enregistrent la moindre onde sonore ou le moindre mouvement et les transmettent au cerveau. Son odorat, très fin, détecte deux gouttes de sang diluées dans une baignoire pleine d'eau !

Monstre inoffensif

Le requin baleine, qui fréquente les eaux tropicales, est le plus grand poisson répertorié au monde : 15 à 18 m pour une vingtaine de tonnes. Solitaire de nature, c'est une créature inoffensive pour l'homme, qui se nourrit surtout de plancton. Malgré sa taille impressionnante, le requin baleine ne fut découvert qu'en 1828, près des côtes de l'Afrique du Sud.

De plus, il possède un système sensoriel très original, les "ampoules de Lorenzini" : ce sont de petits sacs remplis d'une gelée et reliés à des ouvertures situées sur la tête. Sensible aux champs électriques et magnétiques, cet appareillage lui permet de repérer ses proies et de s'orienter dans les océans.

Un prédateur parfait

Tous les requins sont carnivores, mais il ne chassent pas tous les mêmes proies. En nageant lentement, gueule grande ouverte, près de la surface, le requin pèlerin filtre plus de 1 000 t d'eau par heure et absorbe le plancton, les poissons et les céphalopodes. Les requins de fond, comme les roussettes, croquent poissons, céphalopodes et crustacés. Le requin tigre, le plus vorace, attaque les tortues marines, les otaries ou les mouettes voguant sur l'eau et même ses congénères !

Le requin et l'homme

Le requin a une réputation de mangeur d'hommes. En réalité, sur les 350 espèces, 30 seulement deviennent dangereuses dans certaines circonstances : il est arrivé qu'un grand requin blanc bondisse sur un surfeur ou un véliplanchiste confondu avec un phoque, sa proie préférée. Même le requin nourrice, à l'air débonnaire, peut briser la jambe d'un plongeur d'un seul coup de queue ! La prudence est donc de règle et il est déconseillé de plonger dans un lieu où rôdent les requins.

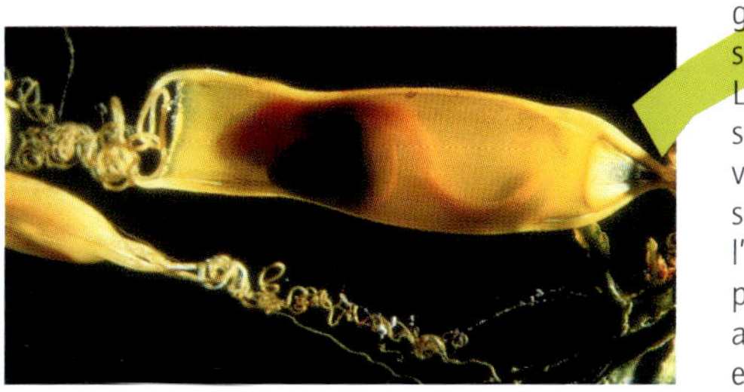

Seulement 30 % des requins sont ovipares : ils pondent leurs œufs dans l'eau pour une gestation de quelques semaines.
Les autres espèces sont essentiellement vivipares : les bébés se développent dans l'utérus de la femelle pendant un ou deux ans avant d'être expulsés.

"Trombinoscope"

Le requin-marteau
Il aime rester au large dans les eaux tropicales. Il en existe cinq espèces différentes dont la taille varie entre 3 et 6 m.

Le bouledogue
Il fréquente les mers tropicales et remonte très loin dans les fleuves (Gange, Amazone ou Zambèze). Il semble encore plus dangereux que le requin blanc. Sa taille égale 3,50 m.

Le requin pèlerin
Ce géant de 10 m aime les mers tempérées où il descend rarement au-delà de 50 m. Il effectue des migrations saisonnières en quête du plancton dont il se nourrit.

Le requin nourrice
Actif la nuit, il prélève crustacés, mollusques et petits poissons sur le fond des eaux peu profondes qui bordent l'Amérique et l'Afrique.

Le requin peau bleue
Il fréquente surtout l'ouest de l'Atlantique où il fait de vrais ravages dans les bancs de poissons et aime croquer quelques calmars.

La roussette

On la trouve dans les zones côtières. La grande roussette (1,50 à 2 m), comme la petite roussette (50 cm) sont totalement inoffensives. Les poissonniers en proposent sous le nom de saumonette.

L'ange de mer

On le rencontre sur les côtes tempérées d'Europe et d'Afrique du Nord, du rivage à 150 m de profondeur. Il mesure environ 2,50 m et est sans danger pour l'homme.

Le requin tigre

Il mesure environ 6 m. Sa grande bouche incurvée et ses dents triangulaires et crénelées lui permettent de croquer n'importe quelles proies. Il vit dans les mers tropicales.

Le requin tapis

Il fréquente les fonds rocheux et sableux du Pacifique et se déplace peu. Il se nourrit de mollusques et de crustacés. Sa taille avoisine les 4 m.

Le requin océanique

Sa taille maximale est de 3,90 m. Il nage au large et sur de longues distances à la recherche de poissons. Attention, il attaque parfois les nageurs.

Maintenant, place au plus menaçant : le grand requin blanc (*voir photos page précédente*). On le croise un peu partout dans les mers du globe, mais il préfère les eaux côtières océaniques, froides et peu profondes. C'est le plus grand poisson carnivore de la planète et le plus dangereux. On recense un peu plus de cinquante attaques par an en moyenne, dont six mortelles. Enfin, le requin lutin, le requin lézard et le laimargue du Groenland baignent dans les régions polaires (*voir p. 21*).

Les grand-mères des mers

Les tortues marines vivent dans les eaux plutôt chaudes de nos océans. À terre, elles sont lentes et maladroites ; en mer, elles agitent leurs palettes natatoires, comme si elles volaient, et atteignent ainsi jusqu'à 36 km/h !

Les sept espèces de tortues marines se caractérisent par une carapace et un plastron formés de plaques osseuses, recouvertes de plaques cornées ou écailles. Seule exception, la tortue Luth qui ne porte pas d'écailles, mais une mosaïque de petites plaques enchâssées sous la peau. Bien qu'elles passent toute leur vie en mer, les femelles doivent venir à terre pour pondre. Cela se passe toujours la nuit. Au prix de gros efforts, la tortue traîne son corps sur la plage, déblaie une zone avec ses pattes, y pond ses œufs qu'elle recouvre de sable, puis retourne en mer. La ponte comprend de 50 à 200 œufs (une tortue Luth produit plus de 1 000 œufs par an). Pendant un à trois mois, ces œufs incubent dans le sable chaud. À la naissance, les bébés sont de vrais sportifs à la carapace molle. Mais, avec leurs 20 g (l'équivalent de cinq sucres), ils ne font pas le poids et, lorsqu'ils courent vers la mer à toutes pattes, vautours, chiens errants et autres prédateurs les guettent. Hélas, seuls les plus chanceux survivent.

La tortue verte
En longeant la côte est des États-Unis, les tortues vertes migrent des Caraïbes au Canada. Elles pondent dans la zone équatoriale et chaude, puis se dirigent vers les mers plus froides pour y trouver leur nourriture. Les mâles comme les femelles viennent se chauffer au soleil sur les plages !

La tortue Luth
C'est la plus lourde et la plus puissante, puisqu'on rencontre des spécimens de 950 kg. Elle présente une pseudo carapace recouverte d'une peau lisse et brillante qui ressemble à du cuir. Elle consomme poissons, crustacés, mollusques et quelques algues et végétaux. Les méduses font son délice, mais causent aussi sa perte, car elle les confond avec les sacs en plastique abandonnés dans la mer, et s'étouffe. Les tortues Luth sont menacées à cause des perturbations sur leurs sites de ponte et de la pollution.

Mâle ou femelle ?

On a découvert en laboratoire que la température pendant l'incubation des œufs influençait le sexe des jeunes tortues. Ainsi, pour la tortue verte, au-dessous de 28 °C, on n'obtient que des mâles et, au-dessus, des femelles. Cette particularité est utilisée dans les élevages pour choisir le sexe des petites tortues.

La tortue imbriquée
Bien que protégée, c'est certainement l'espèce la plus menacée des tortues de mer, car elle est chassée pour sa chair et pour ses fameuses écailles de corne, épaisses et faciles à travailler, utilisées pour la fabrication de meubles, lunettes, objets de toilette et bijoux.

La caouanne
Elle se plaît le long des côtes. Craintive, elle s'enfuit rapidement si elle est dérangée pendant le creusement de son nid. Elle se rencontre dans les eaux plus froides, car elle est capable de maintenir la température de son corps à un degré bien supérieur à celui du milieu.

Le mystère des migrations

Toutes les espèces n'ont pas le même mode de migration. Certaines, comme la tortue imbriquée, se déplacent peu. En revanche, la tortue verte et la tortue Luth sont de grandes voyageuses. On connaît peu de choses sur la manière dont elles se dirigent pour retrouver les plages de ponte : se repèrent-elles par rapport au soleil ou grâce à la teneur en sel de l'eau, ou encore au sens des courants ? Comme chez d'autres animaux migrateurs, on a retrouvé dans leur corps des particules de magnétite (un oxyde de fer) qui leur permettrait de s'orienter grâce au magnétisme terrestre. En fait, plusieurs éléments sont utilisés par les tortues : le sens des vagues, une mémoire de la position de la Lune, l'aspect des côtes qu'elles longent…

Les géants de la mer

Depuis la nuit des temps, les hommes sont fascinés par ces créatures marines : la Bible rapporte l'aventure de Jonas, les textes scandinaves du Moyen Âge décrivent la baleine comme un monstre sanguinaire et, au Japon, un temple bouddhiste leur est dédié. Une légende amérindienne raconte que la baleine est le maître de l'océan, les dauphins sont ses guerriers et les loutres de mer ses messagers…

Qui sont-ils ?

Les cétacés fréquentent tous les océans de la planète. Ils respirent avec des poumons, et non avec des branchies. Comme tous les mammifères, les femelles allaitent leurs petits. Ils sont divisés en deux groupes : les baleines à fanons (ou mysticètes), qui se nourrissent de plancton, rassemblent les rorquals, les baleines franches, les baleines pygmées et les baleines grises ; et les baleines à dents (ou odontocètes), qui regroupent les cachalots, les baleines blanches, les baleines à becs, les orques, les globicéphales, les dauphins et les marsouins.

Ténor ou soprano

Au large, des grondements et des soupirs résonnent. Ils sont dus aux baleines qui communiquent entre elles, surtout à la saison des amours et lors des grands rassemblements d'hiver. Le chant de la baleine à bosse compte parmi les mélodies les plus longues et les plus complexes.

Des nageurs hors pair

Adaptés à la vie aquatique, les cétacés ont une forme fuselée qui favorise la nage. Pour avancer, ils agitent leur nageoire caudale de bas en haut. Leurs prédispositions ne s'arrêtent pas là : leur peau renferme des glandes qui produisent un mucus abondant, leur permettant de mieux glisser dans l'eau ; leurs os, spongieux, sont légers et souples… Grâce à l'épaisse couche de lard autour de leur corps (50 cm chez la baleine franche du Groenland !), leur température corporelle (environ 37 °C) ne varie pas. Ils sont capables de plongées extraordinaires, car

Dans le groupe des baleines à fanons, le rorqual bleu est le plus gros animal du monde : avec ses 30 m, il est aussi long que deux wagons de chemin de fer et, avec ses 170 t, il pèse autant que 2 400 hommes !

La baleine à bosse, ou jubarte, porte une nageoire pectorale de 6 m de long ! C'est une véritable acrobate : une fois surgie de la surface de l'eau, elle se dresse sur une hauteur équivalente à un immeuble de trois étages puis, après un saut périlleux en arrière, retombe sur le dos provoquant une fantastique gerbe d'eau.

ils ont plus de globules rouges que l'homme et fixe mieux l'oxygène dans le sang. Dans leurs muscles, un pigment, la myoglobine, fixe aussi l'oxygène. Leur cœur bat plus lentement en plongée. C'est un muscle volumineux : celui d'une baleine à bosse de 18 m de long pèse 1,5 t !

L'orientation

La peau des cétacés possède des récepteurs nerveux qui donnent des indications au cerveau sur les variations de pression : l'animal connaît ainsi le moment où ses évents sortent de l'eau et peut donc respirer sans boire la tasse ! Leur cerveau renferme des cristaux d'un oxyde de fer, la magnétite, qui agissent, tels des aimants, selon le champ magnétique de la terre : en appréciant le changement d'orientation de ces cristaux, l'animal est renseigné sur sa propre trajectoire. Cette boussole peut cependant se dérégler, ce qui expliquerait l'échouage de groupes entiers de baleines sur les plages.

La vie en société

Les cétacés vivent en solitaires ou en petits groupes, mais on assiste à de grands rassemblements, comptant plusieurs milliers d'individus. La femelle s'occupe très bien de son petit : très tolérante, elle le laisse jouer des heures durant. Le nouveau-né n'a pas besoin de téter : un muscle situé au bout du mamelon de sa mère expulse le lait sous pression dans sa bouche. Ce lait, pauvre en sucre, est très riche en graisses et en protéines, donc dix fois plus énergétique que le lait humain. Chaque jour, le baleineau en boit 90 à 150 l et grossit de 100 kg !

Les mysticètes sont munis d'énormes mâchoires en forme d'arcs garnies de fanons qui filtrent l'eau et récupèrent la nourriture. Une fois dépliés, les 90 sillons de la gorge d'une baleine bleue engloutissent plus de 4 t de krill par jour, soit 4 millions de petites crevettes !

Les odontocètes portent des mâchoires dotées de dents. Ils se nourrissent de poissons, calmars, poulpes et seiches.

Les intrépides

Les dauphins et les marsouins sont les mammifères marins les plus acrobates : ils bondissent au-dessus de la surface, font la roue, replongent tête la première ou retombent à plat dos !

Parmi les cétacés à dents, qui regroupent 67 espèces (pour 11 espèces de mysticètes), les dauphins et les marsouins sont les plus nombreux. Généralement, les dauphins ont un museau en forme de bec et sont plus grands et plus fins que les marsouins. Ils possèdent des dents pointues alors qu'elles sont plutôt aplaties chez les marsouins. Chez le narval, la tête du mâle est prolongée par une épée d'ivoire... qui n'est autre que sa dent gauche ! Lors de leurs déplacements, les dauphins émettent des sons de basse fréquence, les *clics*. Plus ils s'approchent d'un obstacle, plus la fréquence de ces signaux augmente. En même temps, ils remuent la tête pour effectuer un balayage radar. Ils enregistrent ainsi tous les renseignements utiles concernant l'obstacle. Pour communiquer avec leurs congénères, ils lancent également des sifflements et autres sons.

Le marsouin de Dall
Habitant les eaux froides au nord du Pacifique, cet excellent nageur est le plus rapide des cétacés. Ses accélérations brusques laissent derrière lui un nuage d'embruns en queue de coq.

Une autre espèce, le marsouin de Cuvier, vit près des côtes dans les régions chaudes de l'Asie. Il ne possède pas d'aileron sur le dos, mais une crête à laquelle le bébé s'accroche dès sa naissance.

Le grand dauphin, ou tursiops
Le cousin de Flipper est encore appelé souffleur. On le rencontre dans toutes les eaux chaudes et tempérées du globe. Chaque jour, il engloutit 8 à 15 kg de poissons (anchois, sardines, maquereaux, aiguillettes, seiches et calmars) : il faut bien ça pour entretenir ses 4 m de long ! Il s'adapte bien en captivité, mais vit beaucoup moins longtemps : 5 à 7 ans, au lieu de 30 à 40 ans en liberté.

En eaux douces

Il existe aussi des dauphins dans les fleuves, les dauphins de l'Amazone, de Chine, de la Plata et les platanistes ! Grâce à leur long bec, ils fouillent la vase pour dénicher les vers et les crustacés. Dans les eaux boueuses, ils ne voient pas grand-chose. Ils compensent cette faible vision par un sonar ultraperfectionné, émettant des sons de très haute fréquence, qui leur permet de repérer un fil de cuivre de 1 mm de diamètre !

L'orque, ou épaulard
On le reconnaît à sa nageoire dorsale triangulaire très haute (1,80 m chez le mâle). On le surnomme baleine tueuse ou tigre des mers, car c'est un prédateur redoutable qui chasse en bande, notamment les colonies de phoques. Aucun animal, même l'immense baleine bleue, n'est capable de résister aux attaques de ce géant (9 m de long pour le mâle) ! De plus, il a des pointes de vitesse à 55 km/h.

Le narval
Grâce à sa défense spiralée de 2 m de long, il est capable de percer la glace pour venir respirer à la surface de l'océan arctique. Il se sert aussi de cette arme redoutable lors des combats.

Le globicéphale noir
Il dépasse 8 m de long et pèse plus de 4 t ! Il doit son nom à la forme de sa tête : elle possède une protubérance frontale arrondie qui augmente avec l'âge. Il dort le jour et plonge la nuit à des profondeurs de 30 à 60 m, parfois même jusqu'à 1 000 m, à la recherche des poulpes et calmars. Il en mange 35 kg par jour ! Il est capable de rester deux heures en apnée.

Je t'ai reconnu

Pour distinguer un dauphin d'un requin lorsqu'ils nagent en surface, rien de plus facile. L'aileron dorsal peut prêter à confusion, car les deux en sont pourvus. En revanche, seul le requin porte une nageoire caudale.

L'empereur des océans

On reconnaît facilement le cachalot à son énorme tête rectangulaire qui mesure presque le tiers de longueur de son corps ! Présent dans les océans et même en mer Méditerranée, cet empereur livre de terribles combats aux calmars géants des grands fonds.

Géant des mers, le cachalot pèse jusqu'à 40 t et atteint 20 m de long ! Très agile, il est capable de propulser son énorme corps hors de l'eau d'un seul coup de nageoire !

Champion de plongée

Le cachalot porte un amas de graisse sur le front, appelé melon. Celui-ci renferme jusqu'à 2,5 t d'une substance claire qui ressemble à de la cire, le spermaceti. Quand l'animal plonge, l'eau de plus en plus froide, aspirée dans les cornets nasaux, traverse le melon et solidifie le spermaceti. Son front devenu plus dense, donc plus lourd, l'entraîne alors sans effort vers le fond. Pour remonter, le cachalot rejette l'air chaud de ses poumons par ses narines : l'huile réchauffée devient liquide donc plus légère, et il refait surface. Il plonge souvent à 1 000 m. L'aller-retour ne dure pas plus de 15 min, car sa vitesse est de 8 km/h à l'aller et de 9 km/h au retour.

Il n'est pas rare que le cachalot gagne des profondeurs de plus de 3 000 m où l'eau est glacée, l'obscurité totale et les pressions considérables. Il peut rester plus d'une heure en apnée. Le record à battre est de deux heures et quart !

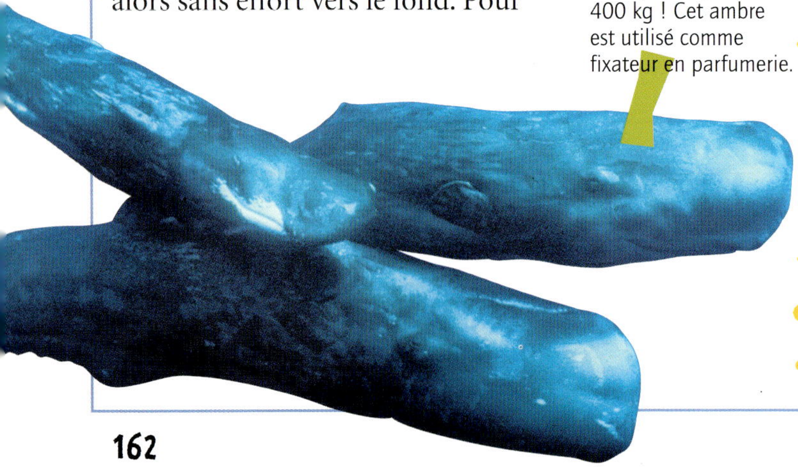

Le cachalot est chassé pour l'ambre gris, bloc de cristaux enchevêtrés que l'on trouve dans ses intestins. Certains blocs pèsent jusqu'à 400 kg ! Cet ambre est utilisé comme fixateur en parfumerie.

Baleines en danger

Les baleines sont des animaux intelligents et paisibles. Pourtant, depuis mille ans, les hommes les pourchassent pour leur viande et leur graisse. Au XVIIIe siècle, 600 individus étaient tués chaque année. À la fin du XIXe siècle, avec l'apparition des baleiniers rapides et des harpons explosifs, l'hécatombe a commencé. Entre 1925 et 1975, 40 000 baleines étaient tuées chaque année, avec un record en 1962 de 67 000 victimes ! Depuis 1986, la chasse à la baleine est interdite dans le monde entier, mais le Japon, l'ex-URSS, l'Islande et la Norvège ne respectent pas cette décision et refusent encore de les laisser vivre en paix.

Du souffle !

Quand ils remontent à la surface, les cétacés respirent et expulsent l'air vicié par leurs narines, appelées évents, qui se situent sur le sommet de leur tête : on dit alors qu'ils soufflent. Les mysticètes possèdent deux évents et les odontocètes un seul.

Vie sociale

Femelles et petits vivent en groupe d'une trentaine d'individus dans les eaux chaudes. Les jeunes mâles se regroupent en bandes près des femelles, tandis que les mâles adultes, solitaires, retrouvent les femelles uniquement pour la reproduction. Lorsqu'un cachalot est malade ou blessé, il est épaulé par les membres de son groupe : tous se placent autour de lui et le soutiennent jusqu'à sa mort. En cas d'attaque d'orques, les cachalots entourent leurs petits de la même façon : pour mieux les protéger, ils placent leur tête à l'extérieur du cercle et font claquer leurs mâchoires pour intimider les attaquants.

Un souffle haut

Lorsque le cachalot fait surface, le bruit des éclaboussures s'entend à 4 km à la ronde. Son souffle, très sonore, est dirigé en biais vers l'avant de sa tête et s'élève à 5 m. Avant de replonger, il reste à la surface pendant une dizaine de minutes pour expirer et inspirer plusieurs fois. Un mâle de 15 m de long, par exemple, doit respirer une cinquantaine de fois avant de commencer une plongée de 50 min.

Seuls les mâles effectuent des migrations vers les eaux froides et riches en poissons des pôles.

Un appétit d'ogre

Le cachalot possède une cinquantaine de dents placées uniquement sur la mâchoire inférieure : acérées comme des poignards, elles déchirent aisément un calmar géant de 18 à 25 m de long (*voir p. 148-149*). Le combat est titanesque, comme le prouvent les cicatrices sur la peau des cachalots. Le cétacé peut engloutir chaque jour une tonne de calmars qu'il chasse simplement en avançant à 3 ou 4 km/h et en ouvrant la gueule. Il s'attaque aussi aux pieuvres, raies et petits requins.

Un seul bébé

Le petit cachalot naît la queue la première, pour ne pas boire la tasse ! À sa naissance, il pèse 1 t et mesure déjà 3,50 m ! Comme le lait de la femelle est très riche, avec 50 % de matières grasses, il grandit vite : au bout d'une petite semaine, il a déjà doublé son poids, alors qu'il faut 40 jours à un veau pour le doubler !

Avec les 200 l de lait qu'il boit par jour, bébé cachalot deviendra vite bien grand !

Plongée dans les ténèbres

Obscurité totale, température de 1 °C, pression énorme, absence de matière végétale… Tout fait de ce milieu un monde hostile. Pourtant, une faune étrange hante les plaines abyssales. Petite rencontre… avec sueurs froides et frissons garantis !

4

④ Les "queues-de-rat" figurent parmi les espèces les plus communes de la plaine abyssale. L'organe lumineux perché sur leur tête attire crevettes et autres invertébrés.

3

③ Chez le *Ceratias*, ou "poisson pêcheur", la femelle porte un leurre lumineux fixé sur le sommet de la tête qui attire les proies jusque dans sa gueule. Quant au mâle, il est minuscule et survit en restant fixé en parasite sur la femelle !

1

① Les flancs de ces "poissons lanternes", les *Myctophidés*, portent des rangées d'organes lumineux ou photophores : on ne connaît pas leur rôle, d'autant plus que ces poissons fuient la lumière ! Au cours des nuits sans lune, ils montent vers la surface pour se nourrir de plancton.

2

② La gueule garnie de dents pointues du *Melanocetus johnsoni* donne froid dans le dos. Pourtant, il ne mesure pas plus de 2 cm !

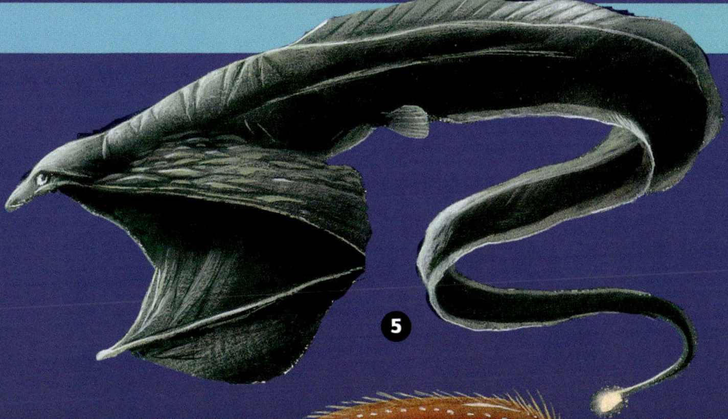

5

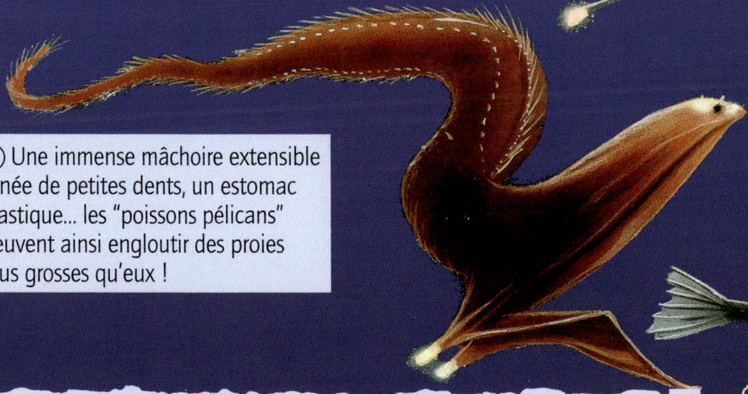

⑤ Une immense mâchoire extensible ornée de petites dents, un estomac élastique... les "poissons pélicans" peuvent ainsi engloutir des proies plus grosses qu'eux !

6

⑥ Les "poissons hachettes" sont des poissons lumineux de 2 à 10 cm de long, habitant les fonds marins entre 300 et 1 000 m. Leur gueule est un piège béant. Certaines espèces ne sont pas plus épaisses qu'une pièce de monnaie ! Ils doivent leur surnom à la forme de leur corps en fer de hache. Leurs flancs réfléchissants émettent une lumière bleutée.

Les grands fonds océaniques commencent vers 200 m. Au-delà de 2 000 m s'étend une vaste plaine d'une profondeur moyenne de 5 000 m, interrompue par des fosses pouvant atteindre 11 500 m. Là, les êtres vivants sont soumis à de fortes pressions : à 10 000 m, une tonne par cm^2. À partir de 250 m, les rayons solaires ne pénètrent pratiquement plus et, au-delà de 600 m, c'est la nuit éternelle. Une avalanche continue de débris organiques morts alimente les animaux planctoniques des profondeurs qui, eux-mêmes, sont happés par les poissons et les calmars. Car, bien que la vie se raréfie à mesure que l'on s'enfonce dans ce monde sous-marin, elle est présente partout. Les invertébrés dominent : beaucoup sont fixés au fond, comme les éponges ou les anémones de mer. On croise des êtres bien étranges comme l'élysie, une limace de mer à la chlorophylle (elle broute de petites algues dont les pigments se collent sur sa peau, lui donnant sa couleur verte) ; le *Cystosoma pellucidium*, un crustacé qui vit à 4 000 m aux yeux démesurés ; une crevette lumineuse, l'eucaride, qui habite les mers tempérées et chaudes à 5 000 m de fond et qui émet une lumière rouge. Cependant, les créatures les plus cauchemardesques, les plus curieuses, les plus effrayantes sont, sans conteste, les poissons. Les scientifiques en connaissent près de 1 000 espèces qu'ils désignent souvent par leur nom latin. Certaines ont un corps transparent qui laisse voir leurs organes, d'autres portent des organes luminescents le long du corps, d'autres encore possèdent des bouches immenses, ou de longues dents acérées...

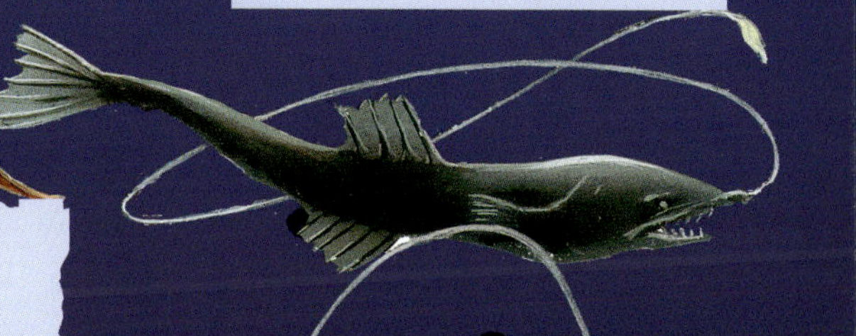

7

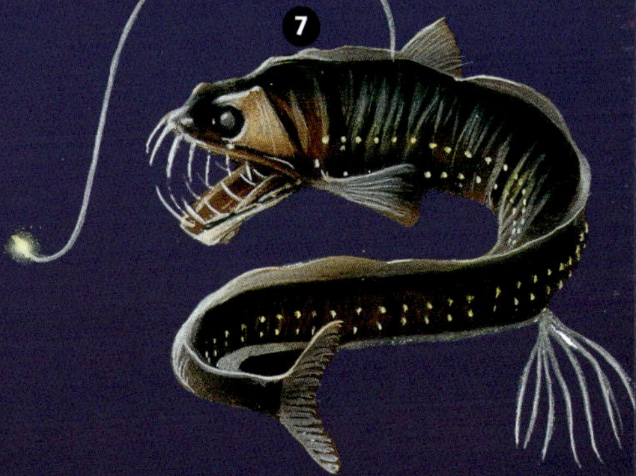

⑦ "Poissons vipères" et "poissons dragons" portent une denture redoutable qu'ils exhibent même lorsqu'ils ont les mâchoires fermées.

⑧ Sur le plancher océanique, posté à contre-courant, le "poisson à longue épine" attend patiemment le passage d'une proie. Il ne se déplacera que lorsqu'il aura détecté sa victime !

8

Océanie et îles du Pacifique

Contrairement aux autres continents, l'Océanie se compose d'une multitude d'îles de tailles très différentes, dispersées sur près de 9 millions de km^2 dans l'océan Pacifique : Australie, Polynésie, Nouvelle-Zélande et deux autres ensembles, la Mélanésie (Nouvelle-Guinée, Nouvelle-Calédonie, îles Fidji...) et la Micronésie (Guam, Nauru, les Mariannes...). Les atolls et les récifs coralliens abondent, abritant une faune et une flore aquatiques riches en couleurs. Quant aux terres, elles accueillent des espèces animales uniques au monde, dont les noms invitent au voyage : wombat, koala, bandicoot, ornithorynque...

Vivre dans une île

La vie ne s'installe pas n'importe comment sur une île : tout d'abord, les animaux microscopiques (bactéries, champignons et unicellulaires) fertilisent le sol, puis c'est au tour des collemboles, vers et acariens de prendre place. Ensuite poussent les lichens et les mousses, et enfin les plantes supérieures. Le décor est planté… aux animaux d'emménager !

Attaqué, le lézard à collerette déploie un "parasol de peau" coloré pour effrayer son adversaire. Si sa tentative échoue, il s'enfuit debout sur ses pattes arrière, le corps presque vertical.

La colonisation

Nombre de végétaux et d'animaux sont amenés par les vents. Les oiseaux, les insectes, les spores légères des mousses et lichens, les graines des plantes sont apportés par les violentes rafales lors de tempêtes. Les courants marins constituent le moyen le plus simple pour accéder aux îles : certaines graines sont capables de survivre durant des mois dans l'eau et les bois flottants hébergent aussi des œufs ou des invertébrés adultes.

Dans les sous-bois, le mégapode construit des tumulus de 3 m de diamètre pour 1,50 m de haut avec de l'humus végétal. En se décomposant, l'humus produit la chaleur indispensable à l'éclosion des œufs. L'animal contrôle la température du nid en introduisant son bec ouvert à l'intérieur du monticule !

La multiplication des espèces

Lorsqu'une espèce s'installe sur une île, ses représentants se reproduisent entre eux. Leurs descendants évoluent souvent de manière différente, car ils s'adaptent à des milieux divers. C'est le cas des escargots du genre *Partula* que l'on retrouve sur plusieurs îles du Pacifique et nulle part ailleurs : aux îles Samoa, il n'en existe qu'une seule espèce mais avec de grandes variations dans la forme de leur coquille et dans leur couleur qui va du blanc au noir ; sur l'île Oahu, le genre *Achatinella* compte 42 espèces et 75 sous-espèces !

Marées rouges

Les habitants de l'île de Kiritimati finissent par être habitués à l'invasion des crabes rouges. Chaque année, des millions de crabes quittent la forêt pour aller se reproduire en mer. Pinces tranchantes en avant, les crustacés partent à l'assaut des routes, des maisons, des écoles et des plages. Rien ne les arrête : tu peux même en retrouver dans ton lit !

Des mammifères qui pondent !

Il y a 150 à 200 millions d'années, les marsupiaux gagnèrent le continent austral constitué à l'époque d'un seul bloc formé de l'Amérique du Sud, de l'Antarctique et de l'Australie. Au cours des cent derniers millions d'années, ces trois masses se séparèrent et l'Australie partit à la dérive. Les mammifères terrestres composés de monotrèmes (ornithorhynques et échidnés) et de marsupiaux se sont alors développés. En effet, comme aucun mammifère placentaire n'avait auparavant gagné l'île gigantesque, les marsupiaux eurent tout le loisir, faute de compétition, de coloniser l'ensemble des niches écologiques !

Le diable de Tasmanie ne se trouve que sur l'île de Tasmanie, où il est assez abondant grâce aux mesures de protection dont il bénéficie.

Le kiwi habite exclusivement la Nouvelle-Zélande : il est devenu son emblème national.

Comment fait-on les bébés ?

Les monotrèmes, échidnés et ornithorynques, et les marsupiaux pondent des œufs. Chez les marsupiaux, les petits naissent à l'état d'embryons et achèvent de se développer dans la poche marsupiale, repli de peau où se trouvent les mamelles de la femelle.

Le soir, les cacatoès rejoignent leurs dortoirs au milieu des arbres et se bagarrent en poussant leurs cris caractéristiques, *ka ka toua*, pour s'approprier le meilleur perchoir.

Les îles d'Océanie

Isolés des contraintes sélectives du reste de la planète, les animaux des îles sont amenés à subir des transformations, ou mutations (modifications du matériel génétique) étonnantes. Ainsi l'absence de prédateurs terrestres en Nouvelle-Zélande explique-t-elle sans doute l'incapacité de nombreux oiseaux (comme le kiwi) à voler. De même, les conditions de vie favorables de l'île ont-elles rendues inutiles les ailes chez les sauterelles weta, qui vivent sur les arbres, dans les cavernes ou sur le sol.

La Grande barrière de corail

Au large de l'Australie s'étend le plus grand récif corallien de la planète. Sur plus de 2 000 km (plus de deux fois la longueur de la France), trois cent cinquante espèces de coraux multicolores et mille cinq cents espèces de poissons et de crustacés composent un parc marin extraordinaire. Un site fragile, menacé par les touristes, la pollution et la prolifération d'algues.

Récifs et lagons abritent des milliers d'êtres vivants. À marée basse, les trous d'eau regorgent d'étoiles de mer ⑬ qui, derrière leur couleur bleue étincelante, cachent un appétit féroce : à la seule force de leurs bras, elles ouvrent la coquille des mollusques bivalves fixés à la roche. De même, impossible de rater les innombrables holothuries ① mauves ou brunes qui filtrent le sable sur le fond.

La Grande barrière de corail est le refuge de poissons multicolores, mangeurs d'algues et de coraux. Poisson-coffe ②, violet à taches jaunes ; poisson-papillon ③, au long museau avec lequel il fouille les anfractuosités ; poisson-perroquet ④, au "bec" solide et tranchant ; poisson-ange ⑤, qui défend âprement son territoire ; ou encore poisson-archer, qui bombarde les insectes de crachats : on a compté jusqu'à 2 000 kg de poissons sur un hectare de récif !

Ce paysage paradisiaque cache des prédateurs redoutables. Certains cônes ⑥ dissimulent à l'intérieur de leurs valves des harpons imprégnés d'un venin très virulent, capable de provoquer la mort instantanée de leurs proies. Le baliste à marbrures jaunes ⑦ a une technique imparable pour s'attaquer aux oursins ⑭ : il commence par

Drôle d'animal !

Les coraux sont formés de milliers de petits animaux, les polypes, regroupés en colonies. Leur corps ressemble à un sac, percé d'un orifice (la bouche) entouré de tentacules. Les coraux fabriquent un squelette calcaire, le polypier. Ils se reproduisent par bourgeonnement : chaque polype donne des bourgeons qui à leur tour deviennent des polypes. Peu à peu, la colonie grandit, les squelettes calcaires se soudent les uns aux autres, et finissent par former un récif de corail. Pour survivre dans les eaux tropicales pauvres en nourriture, les coraux s'associent à des algues vertes minuscules, les zooxanthelles. Complément alimentaire, ces algues fournissent aussi un supplément d'oxygène. Mais, la Grande barrière de corail reste fragile. De nombreuses étoiles de mer “couronne d'épines” en ont détruit une partie à l'est de l'Australie, car elles se nourrissent de polypes et dénudent le squelette corallien qui est alors soumis à l'érosion.

détacher les coraux, puis envoie un jet d'eau violent qui retourne sa proie. Il ne lui reste plus qu'à entamer la partie ventrale, dépourvue de piquants, du test de l'oursin. Attention au poisson-pierre ⑧ : semblable à un caillou couvert de végétaux, il reste immobile tant qu'il n'est pas dérangé ; il suffit d'un contact même imperceptible pour qu'il hérisse ses treize aiguillons mortels, capables de percer une semelle de chaussure ! Le bénitier géant ⑨ (recordman avec plus de 1 m de diamètre), très commun au nord de la Grande barrière, jouit aussi d'une mauvaise réputation : chaque fois qu'il se sent menacé, il referme brusquement sa coquille grâce à un muscle si puissant qu'il devient presque impossible de dégager son pied s'il est coincé à l'intérieur *(voir p. 184)* ! Dans cette jungle marine, s'associer est parfois la solution pour survivre ! Ainsi, le poisson-clown ⑩ se blottit dans les tentacules venimeux de l'anémone de mer ⑪ dont il ne craint pas le poison. En échange, il la débarrasse de débris de nourriture. Parfois, le bruit sourd d'un claquement résonne dans le lagon. C'est une raie manta ⑫ (ou diable de mer) qui saute à la surface de l'eau et retombe en faisant un plat retentissant !

Une "île continent"

Avec ses 7 700 000 km² (14 fois la France), l'Australie est la plus grande île du monde. On y trouve des milieux très différents : au nord, une zone tropicale, au sud une région tempérée et, au centre, un désert entouré de zones semi-arides aux prairies parsemées d'acacias. Isolée pendant 50 millions d'années, l'Australie abrite les animaux les plus insolites, comme l'ornithorynque et le célèbre kangourou…

Le koala
Ce marsupial, excellent grimpeur, reste perché dans les eucalyptus, dont il mange les feuilles et les pousses d'une vingtaine d'espèces. Pour les premiers habitants de l'Australie, les aborigènes, son nom signifie "qui ne boit pas". En effet, il se contente le plus souvent de la rosée contenue dans sa nourriture.

Le bandicoot
Cet animal nocturne, dont il existe une quinzaine d'espèces, ressemble à un petit kangourou. Pour dormir, il s'accroupit sur ses pattes arrière, enfouie son museau dans ses pattes de devant et ramasse ses longues oreilles sur ses yeux !

Le wombat
Plutôt timide, ce marsupial est un cousin terrestre du koala. Lui reste uniquement au sol où il broute différentes espèces végétales. Dans la journée, il se cache dans un terrier. Lorsque la mère le creuse dans un talus, les bébés wombats ne risquent pas de recevoir de la terre sur la tête : sa poche marsupiale s'ouvre vers l'arrière !

L'ornithorynque
C'est le plus étrange mammifère du monde avec son bec de canard sans dents, ses pattes palmées et sa queue de castor. Le mâle porte un éperon venimeux sur chaque patte postérieure. Dans les rivières, il capture des crustacés, larves d'insectes, vers et mollusques et creuse dans les berges des galeries atteignant 12 m de long ! La femelle n'a pas de tétines et ses bébés sont nourris grâce au lait qui s'écoule le long des poils de son ventre.

L'échidné
Couvert à la fois de poils et de piquants, il a la taille d'un petit chien. Il s'est spécialisé dans la capture de fourmis, termites et autres insectes. La femelle ne pond qu'un seul œuf, pas plus gros qu'une bille, qu'elle installe dans une poche de peau sous l'abdomen. Au bout de 10 jours, un embryon minuscule en sort. Il restera six mois dans la poche bien au chaud avant de sortir et de manger tout seul.

Le varan de Gould
Dans les déserts australiens, il atteint 2 m de long. Il est doté d'armes redoutables : de longues griffes et une queue puissante.

L'émeu
C'est l'emblème national de l'Australie. Même s'il ne vole pas, il est capable de courir aussi vite qu'un cheval ! Il mesure de 1,50 à 1,80 m et pèse de 56 à 68 kg. Il peut se reproduire pendant environ 20 ans et il a une longévité d'environ 40 ans.

L'oiseau-lyre
Dans les forêts d'eucalyptus, le mâle parade sur un tronc ou un monticule de terre et déploie sa queue somptueuse, qui lui vaut d'ailleurs son nom, pour impressionner une femelle. C'est elle qui construira le nid et élèvera les petits.

La rainette géante
Elle vit dans les arbres. Sa peau ressemble à du caoutchouc et ses énormes doigts boudinés l'aident à se cramponner aux branches.

Le phalanger
Dans les cimes des régions tempérées, certains phalangers possèdent sur les côtés du corps un repli de peau, le patagium : grâce à cette membrane, ils peuvent franchir 45 m entre deux arbres !

La termite "boussole"
En Australie, les termites construisent des édifices très minces orientés nord-sud, de telle sorte que les murs les plus larges ne reçoivent le soleil qu'aux périodes les plus fraîches de la journée.

Le lézard pomme de pin
Il existe de nombreux reptiles en Australie, mais il faut avouer que le pomme de pin est des plus curieux.
Ce scinque mesure 60 cm de long. Il est inoffensif mais, si on le dérange, il mord alors méchamment.

Nanana nanère

Lorsqu'il se sent menacé par un rapace ou un renard, le lézard pomme de pin ouvre grand sa bouche et agite sa langue bleue sous l'œil inquiet de son ennemi !

Des animaux uniques

La Nouvelle-Guinée et la Nouvelle-Zélande, isolées d'un continent depuis bien longtemps, abritent des animaux que l'on ne trouve nulle part ailleurs, on dit qu'ils sont endémiques. Ces îles offrent une grande richesse de milieux naturels : prairies, forêts, fleuves, marais et montagnes ; elles hébergent de nombreuses espèces… plutôt étranges !

Le casoar géant
Cet oiseau de Nouvelle-Guinée, incapable de voler, est dangereux s'il se sent menacé. On prétend qu'il peut tuer un homme d'un seul coup de pattes. Il faut dire qu'elles sont redoutables : un des doigts est pourvu d'une griffe solide et aussi piquante qu'une aiguille. Très adapté à la vie en forêt grâce à son corps massif et ses pattes solides, il fonce tête baissée à travers les buissons épineux et les lianes.

Le paradisier, ou oiseau de paradis
Dans les forêts tropicales de Nouvelle-Guinée, ce sont les rois de la séduction ! Chez certaines espèces, le mâle aide sa compagne à construire le nid et à élever les petits ; chez d'autres, le mâle ne s'occupe pas de ses petits et arbore en revanche un plumage somptueux pour s'accoupler avec le plus grand nombre de femelles possible.

Le renard volant
Cette chauve-souris frugivore est dotée d'ailes de 1 m d'envergure. Elle passe ses journées pendue aux branches la tête en bas, et se livre à de nombreuses disputes avec ses congénères. Elle ne s'active qu'au crépuscule, en quête de fleurs et de fruits.

Le python vert
Très agile, il rampe dans les arbres à la recherche de son déjeuner. Grâce à ses dents de devant très allongées, il maintient ses proies facilement.

Le kakapo
Ce perroquet rare est lui aussi incapable de voler ! Il vit dans les vallées de montagnes. Il se nourrit de feuilles, bourgeons et fruits, mais se repaît de temps à autre de cadavres. Un autre perroquet, le kéa, préfère les forêts de montagne et les prairies.

L'oiseau-satin
Il construit son berceau sur un tapis de feuilles et de brindilles. En plantant des petites tiges verticales, il ménage ainsi une galerie qu'il décore avec des objets de couleur vive. Fleurs, plumes et même peaux de serpents décorent aussi l'édifice. Si la femelle accepte les avances du mâle, elle entre dans l'enclos et s'accouple avec lui. Elle s'éloigne ensuite pour construire seule son nid.

L'oiseau-jardinier
Il habite l'Australie et la Nouvelle-Guinée. Le mâle décore son arène nuptiale à l'aide de fleurs et de brindilles et parade ensuite devant une femelle, attirée par l'élégance de sa "garçonnière". Minutieux et soigné, il remplace même les fleurs utilisées avant qu'elles ne se fanent, et utilise des coquilles et même des brosses à dents, bouchons ou barrettes dérobés pour agrémenter le décor !

Le couscous
Ce marsupial arboricole, aux pattes courtes et épaisses et à la queue préhensile, a des mœurs nocturnes. Il mange des feuilles, des mammifères et des oiseaux.

Un lézard préhistorique

L'attéria est un lézard unique au monde. Seul survivant d'un groupe de reptiles éteints depuis plus de cent millions d'années, il possède sur le dessus de la tête une sorte de "troisième œil". Comme chez tous les lézards, sa queue repousse quand elle est cassée. Il peut vivre jusqu'à 77 ans !

Les boxeurs du bush

Que serait l'Australie sans ses kangourous ! Ces célèbres marsupiaux, de la taille d'un rat jusqu'à celle d'un homme, ont colonisé tous les milieux, du désert à la forêt, en passant par le bush. Leur nom scientifique vient du grec et signifie "grand pied" : on comprend pourquoi !

Une petite tête s'aventure à l'extérieur de la poche maternelle, broute quelques brins d'herbes et retourne se mettre à l'abri.

Un animal frugal et sobre

Le kangourou roux se contente d'herbes sèches et coriaces, comme l'herbe porc-épic aux feuilles dures et pointues. Chaque jour, il en consomme autant qu'un mouton. Très résistant à la sécheresse, il se passe de boire pendant plusieurs jours. Lorsqu'il est très assoiffé, il creuse un puits dans le sol, jusqu'à 1 m de profondeur s'il le faut, pour trouver de l'eau.

Star incontestée d'Australie, le kangourou roux est le marsupial actuel le plus grand et le plus fort, puisqu'il pèse environ 70 kg et est capable de faire des bonds de 8 à 10 m de long !

Une deuxième naissance

Comme chez tous les marsupiaux, la femelle donne naissance à un embryon minuscule : il pèse à peine 1 g pour 2 cm de long ! Sitôt né, il s'agrippe aux poils maternels et remonte jusqu'à la poche ventrale (appelée marsupium). Là, il saisit une des quatre tétines avec avidité : il y reste attaché un peu plus de deux mois ! Au fil des jours, ses yeux s'ouvrent, il grossit, se développe et se recouvre de poils. De temps à autre, il effectue de courtes escapades hors de la poche maternelle et se hâte de la rejoindre en cas de danger. Huit mois plus tard, il la quitte définitivement. Sa mère met alors au monde un bébé qu'elle tenait "en réserve" dans son ventre. À partir de ce moment-là, elle produit deux sortes de laits : un lait riche pour l'aîné et un autre, moins nourrissant, pour l'embryon.

Sus à l'ennemi !

Poursuivi, le kangourou se déplace par bonds, jusqu'à 60 km/h en pleine vitesse. Mais ses capacités physiques ne lui permettent pas de soutenir longtemps une telle vitesse. Avec un dingo (chien sauvage australien) aux trousses, il est facilement rattrapé… mais pas obligatoirement battu ! L'animal sait se défendre en lançant d'énergiques ruades ! Il a aussi une autre technique : il pousse les chiens dans une rivière et appuie sur leur tête pour les noyer ! En fait, son pire ennemi est l'homme : accusant les kangourous de dévaster les pâturages, les éleveurs les chassent ou les empoisonnent. Leur chair est transformée en nourriture pour animaux domestiques et leur peau sert à fabriquer des chaussures et des vêtements. Même si les Australiens ont pris des mesures de protection, elles sont insuffisantes et déjà plusieurs espèces ont disparu comme le kangourou-rat à tête large.

Eh hop ! Un élan sur les pattes arrière et le kangourou se propulse à grands sauts dans le bush australien.

Un kangourou dans les arbres

Certains kangourous ne bondissent pas dans la savane : ce sont les dendrolagues, ou kangourous arboricoles, des forêts pluviales d'Australie et de Nouvelle-Guinée. Leur épaisse fourrure les protège de la pluie quasi-constante et leurs ongles développés leur permettent de se déplacer aisément sur les branches pour en grignoter les feuilles que ces petits malins choisissent avec soin !

Combats de boxe

À la saison des amours, les mâles se provoquent en duel pour les femelles. Les deux kangourous, debout, s'empoignent par les bras comme deux lutteurs. Ils se poussent de toutes leurs forces pour tenter de se faire tomber et s'envoient des ruades avec leurs pattes arrière. Ils s'infligent parfois de sérieuses blessures, d'autant plus que leurs pattes arrière portent un ongle tranchant comme un rasoir !

L'Antarctique

Notre tour du monde s'achève par une immense île de 14 millions de km² (25 fois la France) située au pôle Sud. De tous les continents, c'est le plus froid et le plus désert. Une couche de glace d'environ 3 km d'épaisseur recouvre la plus grande partie du sol, d'où pointent, par endroits, des chaînes de montagnes.

Soumise à un froid intense (les températures frôlent parfois les – 90 °C) et balayée par de terribles blizzards, cette région inhospitalière ne connaît aucun mammifère terrestre. Seuls des mammifères marins et des oiseaux peuplent les terres côtières moins froides, où les températures ne dépassent jamais – 25 °C !

Le domaine de l'albatros

Dans le ciel austral, il plane sans effort des jours entiers. Virtuose du vol, il descend vers la mer en se laissant porter par les courants, pivote face au vent, reprend de la hauteur…
Un véritable ballet aérien !

On en dénombre 13 espèces dont 9 résident dans les mers du Sud. Le record de taille, de poids et d'envergure appartient à l'albatros hurleur : une dizaine de kilos, 1,20 m de longueur et des ailes totalisant 3,50 m. Souvent, les albatros ne reviennent sur les îles que pour nicher. Patauds sur la terre ferme, ils se dandinent lourdement et exécutent parfois de vraies clowneries : ils se prennent les pieds et s'étalent de tout leur poids !

La danse d'amour

Après avoir volé au-dessus des océans pendant une année, les albatros reviennent à terre pour se reproduire. Fidèles, le mâle et la femelle d'un couple se retrouvent chaque année. À la fin du printemps austral, leurs parades amoureuses sont très spectaculaires : les oiseaux lancent des cris stridents, claquent du bec et déploient leurs vastes ailes. Ensuite, le couple construit le nid avec de la boue et des herbes, en terrain découvert et au sommet d'une pente, car les oiseaux ont besoin de prendre un certain élan pour décoller.

Espionné

Pour comprendre les incroyables prouesses aériennes de l'albatros, des scientifiques ont fixé de minuscules émetteurs sur certains spécimens. Les signaux radio émis ont prouvé qu'un albatros parcourt 300 km par jour en moyenne, avec des vols continus de plus de 1 000 km, à des vitesses de 110 km/h. On a même enregistré qu'un albatros est resté une semaine sur l'eau sans voler et qu'un autre a jeûné cinquante jours de suite !

On s'approche, on se parle, on gesticule… pour se séduire et s'aimer.

Éducation partagée

L'albatros pond un seul œuf, le plus lourd de tous les oiseaux qui savent voler puisqu'il pèse 500 g. Les parents se relaient pour couver l'œuf et pour nourrir le poussin. Un peu plus grand, le jeune albatros ingurgite 2 kg de bouillie de poissons à chaque repas ! Il faut encore plus de huit mois pour qu'il parvienne à une autonomie suffisante.

Pendant près de trois mois, le mâle et la femelle couvent leur unique œuf. C'est la plus longue couvaison connue chez les oiseaux !

Un "voilier"

L'albatros est un nomade : il parcourt au total environ 150 000 km entre le nid et les zones de ravitaillement ! Poussé par les vents, il accomplit de grandes migrations, mais dans le sens ouest-est. Pour comprendre sa résistance exceptionnelle et suivre ses itinéraires, des scientifiques ont équipé certains spécimens d'une balise Argos miniaturisée, enregistrant aussi les battements de son cœur (*voir encadré*). Le résultat de cette expérience montre que l'albatros utilise à la perfection les vents du large. Champion du vol plané, il se laisse glisser vent arrière jusqu'à la crête des vagues, profite de son élan pour virer de bord d'un imperceptible battement d'aile et reprend aussitôt de la hauteur. Et il recommence ainsi au gré des vents.

Des moqueurs

Autrefois, les marins pensaient que les albatros portaient malheur et ils se jouaient d'eux. Cet extrait d'un poème de Charles Baudelaire (recueil *Les fleurs du mal*) en donne toute la mesure :

L'albatros

Souvent, pour s'amuser, les hommes d'équipage
Prennent des albatros, vastes oiseaux des mers,
Qui suivent, indolents compagnons de voyage,
Le navire glissant sur les gouffres amers.

À peine les ont-ils déposés sur les planches,
Que ces rois de l'azur, maladroits et honteux,
Laissent piteusement leurs grandes ailes blanches
Comme des avirons traîner à côté d'eux.
[...]

La vie du pack

Au pôle Sud, la plupart des animaux vivent entre terre et mer. Ils tirent leur subsistance des crabes, crevettes et poissons qui abondent dans ces eaux froides. Quelques îles dispersées et verdoyantes offrent des habitats confortables pour nicher à l'abri.

Le manchot empereur

Incapable de voler, cet oiseau nage parfaitement bien. On dirait qu'il vole sous l'eau ! En été, sa vie est belle : il part se nourrir en mer et accumule des réserves de graisse. Avec l'hiver, les jours deviennent difficiles. D'immenses colonies, parfois jusqu'à 30 000 individus, regagnent alors la banquise, en file indienne. Elles se dirigent vers le lieu où elles sont nées pour s'y reproduire. La femelle pond un seul œuf et laisse le soin au mâle de s'en occuper. Elle, elle repart en mer et ne reviendra qu'à la naissance de son poussin. Pendant quatre mois, le mâle reste sans bouger ni manger, l'œuf posé sur ses pattes. Lorsque le poussin voit le jour, le manchot, épuisé, a maigri de 20 kg (50 % de son poids initial). Sans cesse, les parents se relaient pour ramener au petit une bouillie de poissons, car "junior" en ingurgite 3kg à chaque repas.

T'as une belle voix

La femelle du manchot empereur reconnaît la voix de son époux au milieu de milliers d'individus. Le cri unique du mâle constitue pour elle une carte d'identité sonore, alors que, pour nous, il ressemble plutôt à un klaxon !

L'éléphant de mer
L'Antarctique abrite aussi le plus impressionnant des phoques : 5 m pour 4 t ! Maladroit à terre, c'est un nageur hors pair. Il passe ses journées dans les profondeurs où il se gave de calmars. Le record relevé de plongée est à 1 256 m ! À la saison des amours, il veille jalousement sur son harem et provoque les autres mâles à grands coups de trompe. Dressé sur ses pattes avant, il se balance, se précipite gueule béante vers son rival et le percute violemment... jusqu'à l'abandon par épuisement d'un des deux adversaires. On le surnomme éléphant de mer à cause de la trompe du mâle. Quand il est excité, elle s'allonge de près de 60 cm, donnant à ses cris une résonance étonnante.

Le léopard de mer
Avec l'orque, c'est le pire ennemi des manchots. En une journée, il peut en avaler une vingtaine ! Rusé, il patrouille près des colonies, se poste au pied d'un rocher et attend que les manchots se jettent à l'eau. Il ne lui reste plus qu'à capturer les oiseaux par-dessous.

Le phoque de Weddell
Il mène une vie aquatique, ne venant à terre que pour se reposer, s'accoupler et parfois pour jouer ! La femelle donne naissance à un seul petit qu'elle protège de son conjoint car celui-ci a une fâcheuse tendance à supprimer les bébés. C'est un champion de la plongée : il reste en apnée plus d'une heure (*voir p. 23*) !

L'otarie à fourrure
Elle s'installe sur les côtes rocheuses pour mettre ses jeunes à l'abri des tempêtes. Le mâle ne cherche pas à se constituer un harem, il défend son coin de plage et s'accouple avec les femelles qui s'y trouvent !

En rangs serrés
Lorsqu'il souffle un vent glacial, les manchots se serrent les uns contre les autres et font le gros dos, en formation "de tortue". Dès qu'ils sont réchauffés, les manchots situés au centre remplacent ceux qui se trouvent sur les bords.

Pas si bêtes !

Minuscules, géants, rapides, dangereux, intelligents… : les animaux ont tous une aptitude extraordinaire. On pourrait noircir des cahiers entiers d'anecdotes et de records. Voici donc un infime florilège…

Traitement de choc
Certains poissons (gymnote, anguille, torpille…) se défendent à coups de volts : ils infligent à l'intrus de véritables décharges électriques ! Les Grecs et les Romains de l'Antiquité, connaissant cette faculté, prescrivaient à leurs patients rhumatisants des bains avec torpilles !

Quel fossile !
La plus grosse crotte du monde, un coprolithe de dinosaure, a été trouvée au Canada : 13 cm de haut pour un poids de 7 kg ! Elle appartenait à *Tyrannosaurus rex*. D'après les débris d'os retrouvés, on sait qu'il broyait ses proies avant de les avaler.

Le bonheur des dentistes
Le poisson-chat, un poisson carnassier de nos rivières, a une grande gueule armée de petites dents coniques. Sur certains sujets, on en compte plus de 9 000 !

Luxueuse découverte
Dans les années 1930, aux Philippines, un homme se prit le pied dans un bénitier géant (*voir p. 171*). En ouvrant la coquille pour se dégager, il trouva une perle… de 7 kg.

Arme fatale
À la fin des années 1950, la guerre froide bat son plein. Les deux grandes puissances qui s'affrontent, États-Unis et ex-Union soviétique, ont l'idée d'enrôler dans leur armée des dauphins. Ces soldats aquatiques sont formés pour protéger les ports, dénicher les mines sous-marines, détecter les hommes-grenouilles ennemis…

Bzzz
Les mâles d'une espèce de moustiques battent des ailes à la fréquence de 450 à 600 fois par minute. Belle performance... qui ne vaut pourtant pas la prouesse d'un moucheron : plus de 1 000 fois par seconde.

Miraculeux
Un lézard qui exerce la lévitation, ça n'existe pas ? Pourtant, le basilic, un petit reptile d'Amérique centrale, court sur l'eau. Son secret ? Des petites bulles d'air qu'il coince sous ses pieds. Une, deux et hop, le tour est joué ! À l'approche du danger, il court si vite que ses pattes ont à peine le temps de s'enfoncer dans l'eau.

Théâtre de puces
Dès le XVIIe siècle, une drôle d'attraction séduit les foules : le théâtre de puces. Attelées par de fins harnais, les puces, un morceau d'étoffe collé sur le corps pour pouvoir les suivre, tirent un carrosse à leur taille, dansent sur la piste...

Un estomac fourre-tout
Un réveil, une pellicule photo, un mouchoir, une corde de 91 cm, une chambre à air, un stylo, trois gants, un peigne, des pièces... Non, cette autruche du zoo de Londres ne prépare pas sa valise ! Elle s'est tout simplement mise à table. Le moins qu'on puisse dire, c'est qu'elle n'est vraiment pas difficile.

Le paon a du pif !
Lève un peu le nez, tu ne sens rien ? Eh bien, le paon de nuit, lui, est capable de détecter les 0,0001 mg des sécrétions alcoolisées que produit sa belle. Pourtant ce papillon n'est pas à côté d'elle, mais à 11 km de distance. Quel nez !

Index

Certaines espèces portent deux noms communs : elles sont référencées à chacun, le deuxième est indiqué entre parenthèses.

A

B

C

M

N

O

P

Crédits iconographiques

Couverture :
1re de couverture : A. Giannini, L. Meschini.
4e de couverture : voir crédit intérieur
Titraille : A. Riva

Les pictos ont été dessinés par DOMINO/Marion Clément. Les dessins du personnage de Junior ont été réalisés par KILLIWATCH/Christian Maréchal.

p. 6-7 : voir ci-après. p. 8-9 : S. Lefebvre. p. 10 h : Klein/BIOS ; b : Seitre/BIOS. p. 11 h : Sanchez/BIOS ; m : DR ; b : Marouel/BIOS. p. 12 hg : Klein/Hubert/ BIOS ; hd : Gunther/ BIOS ; b : Klein/Hubert/BIOS. p. 13 h : Bringard/BIOS ; m : Dominico/BIOS ; b : Heuclin/BIOS. p. 16 h : V. Decugis. p. 17 h : DR ; bg : BIOS ; bd : Bavedam/BIOS. p. 18-19 : Cordier/ JACANA ; carte : E. Etienne. p. 20-21 : L. Meschini. p. 22 h : Zimermann/BIOS ; m : Alcalay/BIOS. p. 23 h : Bruemmer/BIOS ; m : Bruemmer/BIOS ; bg : Allan/OSF/ BIOS ; bd : Gunther/ BIOS. p. 24 h : Kobeh/BIOS ; b : Photo Reseachers/JACANA. p. 25 h : Baccega/JACANA ; m : D. Sanzi ; b : Bruemmer/BIOS. p. 26 h : Lacz/SUNSET ; m et b : D. Sanzi. p. 27 h : S. Caleffi ; m : J.-L. Guérin ; b : Boisvieux/ HOA-QUI. p. 28-29 : P.-E. Dequest. p. 30 h : Leeson/SUNSET ; m : Klein/ Hubert/BIOS ; b : Lundberg/BIOS. p. 31 h : Leeson/ SUNSET ; m : Klein/ Hubert/BIOS ; mb : Walker/JACANA ; b : Bruemmer/BIOS. p. 31 coin bd : Guravich/JACANA. p 32 h : Weimann/BIOS ; m : Lacz/SUNSET ; b : S. Caleffi/. p. 33 h : MC Donald/ SUNSET ; m : Gunther/BIOS ; bg : Leeson/SUNSET ; bd : Klein/ Hubert/BIOS. p. 34-35 : Seitre/ BIOS ; carte : E. Etienne. p. 36 h : Walker/JACANA ; bg : Cox/Arnold/ BIOS ; bd : Klein/ Hubert/BIOS. p. 37 h : Weststock/ SUNSET ; md : Bennett/Arnold/BIOS ; md : Malausa/ BIOS ; b : Cox/OSF/BIOS. p. 38 h : Reinhard/ SUNSET ; b : Delfino/BIOS. p. 39 h : Lane/OSF/BIOS ; bg : Y. Lesacher ; bd : Klein/ Hubert/BIOS. p. 40-41 : P.-E. Dequest. p. 42 h : Horizon vision/SUNSET ; m : Dodd/ Arnold/BIOS. p. 43 hg : J.-L. Guérin ; hd: Levin/SUNSET ; b : Animals Animals/SUNSET. p. 44 h : Harvey/Fotonatura/ BIOS ; bg : DR ; bd : Animals Animals/SUNSET. p. 45 hg : Simeodinis/BIOS ; hd : JACANA ; mg : Sauvanet/BIOS ; md : Layer/ JACANA ; bg : Donald/SUNSET ; JACANA ; bd : J.-L. Guérin. p. 46 h : Renevey/BIOS ; mg : Heuclin/ BIOS ; md : JACANA ; bg : SUNSET ; bd : Animals Animals/ SUNSET. p. 47 h : SUNSET ; mg : Marigo/ BIOS ; m : SUNSET ; md : JACANA ; bg : Tavernier/ BIOS ; bm : Cancalost/JACANA ; md : Layer/JACANA. p. 46-47 fond : Lacz/SUNSET. p. 48 hg : NHPA/SUNSET : hd : JACANA ; mg : Animals Animals/SUNSET ; md : Heuclin/NBios ; bg : JACANA ; bd : Ellinger/Fotonatura/BIOS. p. 49 hg : Donald/ SUNSET ; hm : JACANA ; hd : Lacz/SUNSET ; mg : Klein/ Hubert/ BIOS ; m : Ruoso/BIOS ; md : JACANA ; b : Klein/ Hubert/BIOS. p. 50 h : Seitre/BIOS ; bg : Lacz/SUNSET ; bd : Jones/SOSF/BIOS. p. 51 h : Gunther/BIOS ; m : FLPA/ SUNSET ; b : Seitre/BIOS. p. 52 h : Ziesler/ JACANA ; m : Seitre/BIOS ; b : SUNSET. p. 53 h : Horizon vision/SUNSET ; m : Hosking/SUNSET ; bg : Savigny/BIOS ; bd : Wild/ JACANA. p. 54-55 carte : S. Lefebvre. p. 54 h : Ziesler/ JACANA ; m : Dani/Jeske/ BIOS ; bg : FLPA/SUNSET ; bd : Lanting/JACANA. p. 55 hg : Petit/BIOS ; hd : Hosking/ SUNSET ; m : Jones/OSF/BIOS ; b : Walker/JACANA. p. 56-57 : Schafer/BIOS ; carte : E. Etienne. p. 58 h : Denis-Huot/BIOS ; m : JMC/BIOS ; b : Ruoso/BIOS. p. 59 h : Lacz/ SUNSET ; hd : D. Sanzi ; bg : FLPA/SUNSET ; bd : J.-L. Guérin. p. 60 h : Dragesco/Joffe/BIOS ; m : Gunther/BIOS ; bg : Racamier/BIOS ; bd : Heuclin/ BIOS. p. 61 h et m : Gunther/BIOS ; bg : Dragesco/ JACANA ; bd : Dennis/Nigel/ BIOS. p. 62-63 Denis/ Huot/BIOS ; p. 62 hg : Hofer/JACANA ; hd : Denis/ Huot/HOA-QUI. p. 63 hg : Bahr/BIOS ; hd : P.-E. Dequest ; b : Bruemmer/BIOS. p. 64-65 : L. Meschini. p. 66 h : Nigel/JACANA ; m : Animals Animals/SUNSET ; bg : P. Morin ; bm : Seitre/BIOS ; bd : Horizon vision/SUNSET. p. 67 hg : Horizon vision/SUNSET ; hd : Bruemmer/BIOS ; m : Prigent/ SUNSET ; bg : Mayet/BIOS ; bd : Varin/Visage/ JACANA. p. 68 : Lacz/SUNSET. p. 69 h : Audet/SUNSET ; m : A. Giannini ; b : Martinon/HOA-QUI. p. 70 h : Laboureur/ BIOS ; m : Dennis/Nigel/BIOS ; b : Denis/Huot/HOA-QUI. p. 71 hg : Lobao Tello/BIOS ; hd : Shah/JACANA ; m : Wisniewski/JACANA ; b : Granier/BIOS. p. 72 h : Lacz/ SUNSET ; m et b : Denis/Huot/BIOS. p. 73 h : Walz/GDT/ JACANA ; m : Layer/JACANA ; b : Denis/Huot/BIOS. p. 74 h : Benson/BIOS ; m : Layer/JACANA. p. 75 h et mg : Denis/ Huot/BIOS ; md : Cordier/JACANA ; bg : Zefa/ HOA-QUI ; bd : E. Etienne. p. 76 h : Nicolotti/BIOS ; b : Gunther/BIOS. p. 77 h et b : Horizon vision/SUNSET ; m : Lacz/SUNSET ; md : S. Lefebvre. p. 78-79 : G. Macé. p. 80 h : Denis/Huot/ HOA-QUI ; m : Wisniewski/JACANA ; b : A. Giannini. p. 81 h : Horizon vision/SUNSET ; b : Nicolotti/BIOS. p. 82 h : NHPA/SUNSET ; m : NHPA/SUNSET ; b : Horizon vision/SUNSET. p. 83 hg : Holt Studio/SUNSET ; hg : FLPA/SUNSET ; m : Dia Contact/SUNSET ; bg : Animals Animals/SUNSET ; Biron/JACANA ; bd : Holt Studio/ SUNSET ; Hervy/JACANA. p. 84-85 : P. Morin. p. 85 h : Wild/JACANA ; Robert/JACANA ; Hervy/BIOS ; Rouen/ JACANA ; Champroux/JACANA. p. 86 h : Wegner/JACANA ; m : NHPA/SUNSET ; b : Gunther/BIOS. p. 87 h : ; mg : Ziegler/BIOS ; md : Gens/JACANA ; bg : Rusos/BIOS ; bm : Animals Animals/SUNSET ; bd : Lacz/SUNSET. p. 88 m : Lacz/SUNSET ; bg : Gunther/BIOS ; bd : Horizon vision/